CASE BOOK

ケースブック
地域企業の経営戦略

榎本 悟 編著

大学教育出版

ケースブック
地域企業の経営戦略

目　次

第1章　ケースメソッドの方法と本書の構成 …………………… 榎本　悟…1
第1節　ケースメソッドの方法　*1*
　1．はじめに　*1*
　2．ケースメソッドとは何か　*2*
　3．ケースメソッド教育の歴史　*3*
　4．ケースとは何か　*7*
　5．事実とは何か　*9*
　6．ケースリードのやり方　*11*
　7．ケースメソッドの問題点　*12*
第2節　本書の構成内容　*16*
第3節　おわりに　*20*

第2章　アクロス―地域特性を活かして成長を続ける調剤薬局チェーン―
　　　　………………………………………………………… 山本公平…*24*
第1節　はじめに　*24*
第2節　株式会社アクロスの沿革　*25*
　1．スピンアウト型の起業　*26*
　2．起業から多店舗化へ　*27*
第3節　業界特性　*28*
　1．調剤薬局とは　*28*
　2．市場性　*29*
第4節　アクロスの経営の特徴　*32*
　1．調剤ミスのない確実な調剤の徹底　*32*
　2．ドライブスルー型薬局の展開　*33*
　3．地域とのつながり　*34*
　4．透明性の高い経営内容の開示　*35*
　5．従業員満足の徹底　*35*
第5節　今後の方向性と課題　*36*
　1．短期的目標と課題　*36*

2. 中長期的目標と課題　*37*

第3章　農事組合法人　神峯園—ブルーベリーで島おこし—……山本公平…*39*
第1節　はじめに　*39*
第2節　うんしゅうみかん市場の大暴落を経て　*40*
　　1. うんしゅうみかん市場の大暴落　*40*
　　2. ブルーベリー事業への参入　*41*
第3節　神峯園の設立　*42*
　　1. 販路の開拓から法人化へ　*42*
　　2. 生産過剰による在庫調整　*43*
　　3. 日本ブルーベリー協会の設立　*44*
第4節　ブルーベリーの島へ　*45*
　　1. 調達先および販売先との win-win な関係づくり　*45*
　　2. 安心・安全な商品の供給　*49*
　　3. 地域との密着・協力　*49*
　　4. 国産ブルーベリーの普及　*51*
第5節　今後の方向性と課題　*51*
　　1. 「ブルーベリーの島」の認知度を高める　*51*
　　2. 新たな市場の開拓　*52*
　　3. 事業承継と企業的経営　*52*

第4章　フットマーク株式会社—"縫製技術"を活かした新製品の開発と市場の創造—……………………………………………長積　仁…*54*
第1節　はじめに　*54*
第2節　経営者の意図とその礎　*55*
　　1. 会社設立の経緯　*55*
　　2. 縫製技術の転用　*56*
　　3. 製造機能から企画販売機能への移行　*58*
第3節　"水"商売への特化　*59*

1. ハード事業の失敗　59
2. ものづくりにおける"1/1（いちぶんのいち）の視点"　60
第4節　組織全体の成長を促す仕掛け　62
1. "P"と"D"しか回っていなかったマネジメントサイクル　62
2. "目標実現経営"の導入　63
第5節　病院の風景を変える—"介護"から"快互"へ—　66
1. "介助"と"看護"の造語から生まれた"介護"という言葉　66
2. おしゃれで、楽しく、明るい介護生活を送るための商品開発　67
3. 介護に対するイメージと病院の風景を変えるための試み　68
第6節　組織が直面する課題　70

第5章　コーキマテリアル株式会社―中核となるゴム製品の成形・加工技術と製品開発のための異業種間交流―……………………長積　仁…72

第1節　はじめに　72
第2節　会社の変遷と特徴　73
1. 会社の成り立ち　73
2. コーキマテリアルのものづくり　74
第3節　競争優位の源泉と同業種との共存共栄　76
1. 参入障壁となるゴム製品の成形・加工技術と協会への加盟　76
2. 同業種との共存共栄を図るための組合の存在　76
第4節　事業化を促進する異業種間交流　77
1. 技術を製品に変えるきっかけと工夫　77
2. 土木事業へ転用された自動車のウエザーストリップ技術　78
第5節　リラクゼーションギア"RUBRAX"の展開　79
1. "RUBRAX"に対する想い　79
2. 製品を軌道に乗せるための戦略　80

第6章 コアテック株式会社—中国子会社の経営— 須増哲也・松田周司…82

第1節 はじめに　*82*
第2節 海外への輸出から中国子会社設立へ　*83*
第3節 杭州科泰科技有限公司設立　*84*
第4節 従業員の採用と日本での研修　*85*
第5節 江蘇省への工場建設予定地移転　*87*
第6節 中国での本格稼動と問題点　*88*

第7章 カモ井加工紙株式会社—粘着技術を活かした新分野進出—
……………………………………………………三宅孝治・松田周司…106

第1節 『mt（エムティー）』を製造する企業　*106*
第2節 ハエ取り紙のシェアNo.1企業へ　*108*
　1. ハイトリ紙製造所の創業　*108*
　2. リボンハイトリ紙で一世風靡　*108*
第3節 シーリング用マスキングテープのシェアNo.1企業へ　*110*
　1. 第1の転機　*110*
　2. 第2の転機　*111*
第4節 3代目社長の新たな取組み　*113*
　1. 3代目の想い　*113*
　2. 『mt』誕生　*114*

第8章 ダイヤ工業株式会社—中小製造業のユニークな事業システム—
……………………………………………………………松田周司…117

第1節 医療用品の通信販売で大躍進　*117*
第2節 現在の競争状況　*119*
第3節 医療用品業界進出のきっかけ　*120*
第4節 販売ルートの確立　*121*
第5節 通信販売の開始　*124*
第6節 「通心販売」を目指して　*127*

第9章　ケース・メソッドによるセミナー ……………………松田周司…*130*

第1節　はじめに　*130*
　1. 本章の意義　*130*
　2. 本章で取り上げるケース　*131*

第2節　ケースの内容を整理する　*132*
　1. 事業概要の把握　*132*
　2. 変化していくプロセスに着目した事業の整理　*134*

第3節　どのようにして持続的競争優位を確立するか　*148*

第4節　自社への展開　*150*

あとがき ……………………………………………………………………… *152*

ケースブック
地域企業の経営戦略

第1章 ケースメソッドの方法と本書の構成

榎本 悟

第1節 ケースメソッドの方法

1. はじめに

　本書は日本の各地域における中小企業の経営を収録したケースブックである。とはいえ事例の多くは編者がこれまでに所属していた大学所在地域の中小企業が中心になっており、さらに執筆者の研究上の必要性の高い中小企業の経営事例を加えてできあがっている。また執筆者は全員、これまでに編者の下でお互いに研究を重ねた人たちであり、彼らとの協働で本書はできあがっている。

　これまでケース（事例）として取り上げられる企業は、どちらかといえば大企業が中心で、それらを題材にして大学生や社会人に講義をするというのが一般的であっただろう。確かに、活躍目覚ましい大企業を取り上げて講義をすることには大きな意味があったと考えられるが、他方で各地域にいる社会人や学生にとっては、ある意味自分たちの生活感覚とはかけ離れた「遠い存在」としてしか認識されないこともあったのではなかろうか。むしろ身近に存在する地域の中小企業の経営にこそ、ある種の「親しみ」を感じるのではないだろうか。こうした観点から、本書は地域の中小企業の経営に焦点を当てて編集した

ものである。

　中小企業はそれぞれの経営活動においてさまざまな問題に日夜直面し、悩み、それらの問題の解決に向けた活動を行っている。すなわち企業の価値連鎖活動（value chain）のそれぞれの活動の中で苦悩しているのである。また自社と他社との関係をどのように組むのかという価値システム（value system）についても悩みの種は尽きない。こうした諸問題の一端を地域の中小企業の経営活動の事例を通して、さまざまに論じてみる、あるいは論じてもらいたいというのが編者ならびに執筆者の願いである。そのため各ケースの最後には、設問が掲げてあるが、これらはケースを論じる際の一例にすぎないものであり、さらに多様な形で論じるための参考としての設問にすぎない。

　2. ケースメソッドとは何か

　ところで以上のように集められたケースはどのように講義などで用いられるのであろうか。一般的に、ケースをもとにして行われる授業はケースメソッドと呼ばれる方法を用いて講義される[1]。

　ケースメソッドを構成する要件は以下の2つである。
・ケース教材を利用する
・これをもとにしてディスカッション（討議型授業）を行う
　そして、高木はケースメソッドの特徴を次のように述べている[2]。
・講師は自説を述べたり、講義したりすることはしない
・教科書を参照しながら進めることもない。学習者がケースを読む時は、自らを登場人物の立場に置き換え、自らに意思決定が迫られていると考えなければ、学習効果は高まらない
・これらのケースはある理論の典型的な実例がかかれた「例題」でもなければ、演習課題でもない。ケースは現実の状況を描いてあるだけで、学ぶべき知識や理論は書かれていないということを念頭に置かなければならない。したがって、正しい解や正しい方法を知るための学習方法でもない。実は、この「正解がない」というところが、ケースメソッドの最大のポイントである、という。

高木のいうケースメソッドの特徴を整理すると、①通常の講義形式とは異なる、②意思決定者の立場に立つ、③正解はないという3つに集約されよう。このうち③の正解がないという点が最もケースメソッドの最大の特徴であると述べていることからこの点について若干敷衍しておこう。

　ケースメソッドの実際の教室では、教員（ケースリーダー）、ケース教材、そして受講者で構成される場でディスカッション形式の授業が行われる。ディスカッション形式の授業では、賛否両論に分かれて相手を論破することを目的とするディベート形式の授業と異なり、受講者があらかじめ読んできたケースをもとに、自由な発想でさまざまなことがらを論じることが基本となる。ここでは相手の議論を打ち負かすことが目的ではなく、1つのケースでさまざまな論点が提示されることと、1つの論点についても多様な意見が提出されることが重要となる。自分とは異なる発想や意見が出てくることにより、自分の考え方の不十分性の自覚と自説の絶対性ではなく、他者の意見との相対化を目指すことが目的である。つまりケースにおいて見出された論点について答えを見いだすことが本来の目的ではなく、ケースを読むことでどのような論点があるのかという多様な論点の提示と、1つの論点をさまざまに論じ尽くすという論点の多義性の2つのことがらがケースメソッドによる授業の目的となる。当然のことであるが、これら2つのことがらの提示はいずれも意思決定者の立場に立ってどう考えるかということが基本であることは言うまでもない。

3. ケースメソッド教育の歴史

　ところで、いまでは日本のビジネススクールにおいても盛んに用いられているケースメソッド教育はいつごろ、そしてどこで始まったのであろうか。

　ケースメソッドを用いた教育は、もともとハーバード大学のロースクールで行われていた判例（ケース）をもとに討論する授業が端緒であるといわれており[3]、それをビジネス教育に初めて利用したのは1908年創設のハーバード経営大学院であった。

　わが国で最初にケースメソッド教育を採り入れたのは慶應ビジネススクールで、それは1962年であった[4]。その後、日本のそれぞれの経営系の大学院

で採用されていることは周知のとおりである。

　ところでケースメソッドを用いた授業はどのような目的をもつと考えられるだろうか。目的については諸説があり、定まった考え方はないが、何人かの論者の説を以下では紹介する。

（1）土屋説
　ハーバード・ビジネス・スクールに30年以上前に留学した経験を持つ土屋はケースメソッド教育の目的を次のように述べている。
　ケース教材は実際の企業の意思決定を迫る問題を中心に描かれており、そのケースを読むことで、受講者に知識を教えることが目的となるのではなく、行動せざるを得ない問題を考えさせることが目的である。しかも理論と思考能力を駆使して、現実的に考えることを狙うものである[5]、と。
　その結果、ケースを読むことにより次のような「癖」がつくという[6]。
① 企業経営に関する諸事実に対する好奇心
② 問題に対する感受性
③ 問題に分析的に接近する癖
④ あらゆる問題に対して自分なりの意見を持つ癖
⑤ 自分の意見を皆に売り込むための、説得力ないし表現力
　このようにさまざまな癖をつけることがケースメソッド教育の目的であり、ケース教材を用いて行動に対する創造性を作り出すことを狙っているという。つまり観念の中から創り出す創造性ではなく、事実に立脚し、そのうえでの創造性を確保することが目的となるという[7]。

（2）三輪説
　土屋より20年以上後にハーバード・ビジネス・スクールに留学した経験を持つ三輪は、ハーバードのケースメソッド教育の目的を次のように述べる[8]。
　ケースメソッド教育では、何らかの意思決定を行うためにケースを読み、それを通じて、「ビジネス・マインド」を持つ人間を育てることを目的としている、という。

この結果、ビジネス・マインドを持つ人間は以下のような特徴を持つにいたるという[9]。
① 考える習慣
② フレームワークの重要性の認識
③ 失敗から学ぶ
④ ケースから得る知識

ビジネス・マインドを持つ人間を育成するため、ハーバード流のビジネス教育においては、数多くのケースを読むことが重要視されている。それは経験主義に基づくケースメソッドでは、どれだけのケースを読むかという「数」の問題がきわめて重要であり、その「数」をこなすことによって、はじめて、和田充夫氏のいう「個別対応→状況特化→状況特化ルールの抽出→一般ルールの抽出」という一種のパターン認識が可能になる。そのように、「数」をこなすことによって「体得」させるという意味が大きいケースメソッドは、野球における「千本ノック」にたとえられることがあるが、まさに言い得て妙であると、述べている。

(3) 和田説

ハーバード・ビジネス・スクールではないが、アメリカのビジネススクールに留学した経験を有する和田は、先の三輪においても引用されたように、ケースメソッド教育の目的を次のように述べている[10]。

> 「経営は経験と勘と度胸である」。ケースメソッドのよって立つ基盤はまさに、この「経験」なのである。ケースメソッドは経験主義なのである。このことが、経営の実践家をしてケースメソッドを高く評価する大きな要素となっている。「ケースメソッドはその数が問題である。ケースメソッド分析は、数をこなせばこなすほど効果が大きい。まさに千本ノックであり、川上野球なのである」。(中略)
> ケース分析を数多く行うことの効果は、実際の経営事例の分析を数多く体験することによって、「個別対応→状況特化ルールの抽出→一般ルールの抽出」という現実認識の構造ができあがり、それが整理され、体系化され、クリアに認識されることである。

その結果、以下のような能力が養成されるとしている[11]。
① 概念化能力（conceptual skill）
② 分析能力（analytical skill）
③ コミュニケーション能力（communication skill）

（4）高木説

最後に、同じくハーバード・ビジネス・スクールに留学した経験を持つ高木の意見を見てみよう。

高木はケースメソッド教育は従来の授業とは異なり次のような特徴を持っているとしている[12]。

> ケースメソッドは、企業経営に関する事実を記述したケース教材に基づいて、クラス全員で討議するものである。旧来の聴講形式ではなく、講師はディスカッションをリードするファシリテーターの役割を担い、生徒たちは平等の立場、意見や考えを述べ合い、共同で一つの結論を導き出す。ただし、正解を探すことが目的ではない。あくまで、何らかの解を導き出すプロセスを学習し、従来の思考様式に変化を与え、進化させることにある。

そして、ケースメソッド教育を行うことで次のような能力が涵養できるとする[13]。
① 個人が自律的に職務を前に進めていくためのもの
② 他の人とうまくつながっていくためのもの
③ 人を束ねて方向づけていくためのもの

以上4人の論者による、ケースメソッド教育の目的についての議論を紹介した。これらの論者に共通する考え方を総合すると少なくとも以下の3つのことがらがケースメソッド教育の目的としてあるということがいえよう。すなわち
・意思決定者の立場に立つ
・自分の頭で考える（問題発見と論理構成）、ただし正解は求めない
・コミュニケーション能力（説得と理解）

である。つまり、ケースを読む受講者はケースの課題を解決しなければいけない意思決定者の立場に立ち、その課題の発見と課題の解決のための論理の構

築、そして組織メンバーとの間で共通の理解を深めることで協力して課題に立ち向かう能力を涵養することを目的としているといえるだろう。

4. ケースとは何か

それではケースメソッド教育において用いられるケースとはどのようなものであろうか。ケースとは何か、ということについては大きく2つの考え方が存在している。1つの考え方は「事実重視型」と呼べる考え方であり、高木の所説に典型的に現れる。

この考え方の特徴は、ケース教材には「事実」しか書かれていないとする立場である。

> ケース教材には書き手の解釈は一切なく、事実しか書かれていない。それをどのような枠組みで理解し、意味づけするかは、学習者に委ねられている。問題の捉え方は何通りもあるが、その中の一つの枠組みを選んで、問題となっている状況を理解する。そうしたプロセスを通して、知的好奇心が多いに刺激される。また、自分なりに問題を整理し構造化して、解決策も含めて自己表現を試みるスキルが育まれる[14]。

この引用に典型的に現れているように、ケースを作成する場合、そこに作成者の意図や解釈を入れず、事実を書くことが重要であるとする。むしろ多様な意見を引き出すためには先入観を受講者に入れないことが有効なのである。別言すれば、次のようにも述べている。

> ケーススタディのケースは、論文などの研究の成果物で、当然ながら、執筆者の分析や解釈が書かれている。しかし、ケースメソッドのケースは、討議のための資料として作成されるので、問題となる状況について詳細説明があるが、情報の記述に終始している。討議する人々が自由に解釈できるようにという配慮から、執筆者は意図的に自分の解釈を書かないのである。もっと平たく言うと、読み終わった時に、「なるほど、そうなっているのか」と感じるのがケーススタディ用のケース、「これは困った。何とかしなくては」と感じるのがケースメソッド用のケースである。筆者たちは後者を「ケース教材」と呼び分けている[15]。

ケーススタディとケース教材とは厳密に区別されるものであるようだが、そもそもケース教材であるからといって、「事実」のみの記述ということが可能なのだろうかという疑問が残る。この点については後述する。

ケースについてのもう1つの考え方は「意図重視型」と呼べる考え方である。こうした主張を展開する論者に土屋がいる。土屋はハーバードで用いられるケースにはケース作成者の意図が盛り込まれていると主張する。すなわち、「ケースには、教育上の配慮が精密に計算されて織り込まれているということ[16]」であり「ハーバードでは、DBAの学生たちのケース執筆を指導する教師が、自分の意図する教育上の狙いをそのケースの中にもり込むことができるし、また教室での討論を予想しつつ、ケースを書かせることができる[17]」と述べている。

また米倉も、同様の主張を展開している。すなわち、

> 経営が多面的なように、1つのケースから引き出されるディシプリンは必ずしも1通りではない。しかし、そのケースがどんな理論的なインプリケーションを持ったものであるか、筆者はどんな意図を持ってそのケースを書いたのか、ケースを読むうえでの着眼点などを示すことで、ケースを読み、学び、またそれをもとに考える読者のための道案内になれば、と思う[18]。

と述べて、ケースそのものに執筆者の意図が入ることを認めている。

このように、土屋ならびに米倉の主張はケースは「事実」だけではなく、ケース作成者の意図が入り込むことを認めている考え方であるといえよう。

こうした両者の考え方を考える時、かつて社会科学の研究史の中で、ウエーバー（Max Weber）が展開したWertfreiheitという言葉の解釈をめぐる論争を思い起こすことができる。Wertfreiheitをめぐっては「没価値性」と解釈する論者と「価値自由」と解釈する論者の論争が存在した。

前者の没価値性と解釈する論者は社会科学の研究においては、研究者の価値観や考え方を学問という科学の世界に混入させるべきではなく、あくまでも客観的な立場で、現実を鏡で写し取るように「事実」を描く必要があるというものであり、そこには立場を挿入してはならないというものであった。この考え

方はさながらケース作成における「事実重視型」の考え方に通じるものであろう。

　他方で Wertfreiheit を価値自由と解釈する論者は、社会科学の研究においては研究者の世界観や考え方を排除して学問することはできないと考える。むしろ、社会科学は研究者の価値観から自由ではあり得ないと考える。それでは、考え方や価値観を排除して研究が可能でないとすれば、研究者はどのように科学を考えるべきであろうか。とりわけ社会科学は研究者の価値観を排除して研究が可能でないとすれば、研究者として注意すべきことは、第一に自ら選択した価値観とはどのようなものであるのか、きちんと把握し、理解しておくこと、第二に選択した価値観からの恣意的な乖離をしないように厳しく自己を見つめることの2つである。つまり、自らの価値観は何か、そして価値観をぶれることなく一貫して保持することを求めているのである。このような考え方は「事実」のみを記述するという考え方ではなく、研究者の「意図」を入れることを認める「意図重視型」のケース作成の論者に通じる考え方であるといえよう。

　我々の考え方は後者に近い。高木のいうケース教材であっても執筆者の意図を入れないで事実を描くことは可能ではないと考える。そのことを考えるために、「事実」とは一体何かということを考えることにしよう。

5. 事実とは何か

　我々が通常考える事実というものは、とても厄介なものである。何であれ、「これは事実です」といった途端、我々は何らかの価値観を前提にしてものを言っていることになるからである。そもそも、何らかの価値観を前提にしないで、「これは事実です」の「事実」を取り上げることはできない。もっと多様な事実が存在するし、そこから現実の一端を切り取る時に、切り取った人が自らの意図を意識するかどうかに関係なく、背後に存在している。そうでなければ切り取ることはできない。したがって人は常に、自らの頭の中で「選別的行為」をしているのである[19]。

　また、客観的に現実を把握する、あるいは中立的に現実を見るということ

は、どれほど高性能のコンピュータを用いても見ることはできない、ましてや人の認知能力には自ずと限界が存在しているため、現実をありのままに見ることはできない。仮に合わせ鏡のように現実を完全に写し取ることができたとしても、なぜその時、その現実に着目したのかと言うことがあらためて問われる。ここでも何らかの意図が働いている。

このように事実を事実としてみることがいかに難しいことであるのかが理解できよう。

ここに興味深い事実が清水によって紹介されているので、それを紹介したい[20]。

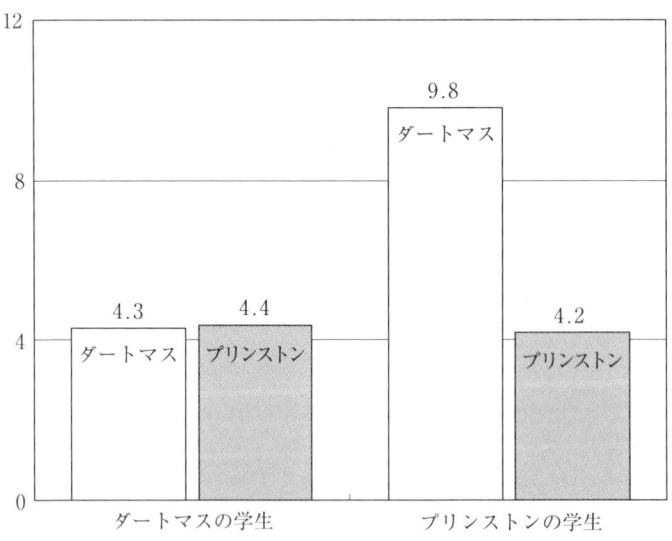

図1-1　それぞれの学生が見たチームの反則数
出所：清水勝彦『経営意思決定の原点』日経BP社、2008年、18頁

図1-1はダートマス大学とプリンストン大学のアメリカンフットボールの試合で、プリンストンのスター選手が鼻の骨を折り、ダートマスの選手も足を骨折して両者とも退場するという「泥試合」の試合になったが、その時両大学の観衆がどちらがより多くの反則を犯したと見たかということを表したものである。

図を見てわかるように、鼻の骨を折られたプリンストンの観衆はダートマスがより多くの反則を犯したとみている。ここからわかるように、同じ試合を見ていても立場が違えば、違う事実解釈が起こりうるということである。このことから考えても、「事実」というものはあいまいで、解釈に至っては多義的であるということ、そして同じ「事実」でも、そこには必ず価値観や大げさにいえば世界観が混入せざるを得ないのである。つまり人は「事実」として取り上げる時も、またその「事実」を解釈する時も常に価値観を排除することはできないということである。なぜなら、「事実」をなぜ取り上げたのか、そしてその「事実」はなぜそのように理解されるのかと言うことが常に問題になるからである。そうであるとすれば、ケース作成においても執筆者の意図を離れて「事実」を「事実」としてとりあげることはできないし、ましてや事実の解釈については当然のごとく執筆者の価値観が入り込む。そうであれば、ケース作成において執筆者は自らが採用した「価値観」や「意図」が何で、その「意図」を自ら明確に、そして積極的に選び取る自由と、「価値観」を恣意的に乱用しない自由が厳しく求められるということである。これこそ、ウエーバーが求めたWertfreiheitの意味であり、価値自由の意味である。我々はそうした価値自由の下に、ケース作成を行っているのである。

6. ケースリードのやり方

ケース教材にかかわる「事実」が上記のごとくであるとすれば、ケースリードをする教師は、あらかじめ受講者に考えるヒント（ポイント、フレームワークなど）を与えることが重要となる。その理由は先にも述べたように、ケースそのものの持つ執筆者のバイアスをあらかじめ受講者に知らせておくためである。もちろんあらかじめ与えたポイントや考え方が当該ケースを読む時の唯一の読み方であると考えることは執筆者のある種の傲慢であろう。少なくとも、事前に提示されたポイントやフレームワークは当該ケースを読み解く上での1つの考え方に過ぎないという限定が必要である。ただし、こうした限定は、当然のことながら受講者の多様な考え方の展開を妨げる可能性がある[21]。

とはいえ、ケースメソッド教育において、社会経験の少ない学部学生にケー

スを用いて教える場合と社会経験を積んだ社会人を相手にケースを用いて授業を行う場合とでは事前にポイントや考え方を与える意味は異なる可能性がある。

　すなわち社会経験が少ない学生に対しては「事実重視型教育」では効果が薄くなる。物知りにはなるが、考え方やポイントを指摘できるほど受講者が「成熟」していないため、どうしても議論が発展しない。そのため、事前に考え方やポイントを提示する「意図重視型」教育の方が効果的である。これに対し社会経験を積んだ社会人を相手にする場合には、「意図重視型」教育にある種の窮屈さを感じるかもしれない。そのため「事実重視型」教育の方が効果的かもしれない。そこから多様な意見を引き出すことができるかもしれないからである。しかしながら、社会人教育であっても、教師が意図した考え方やポイントを事前に与えることはやはり重要である[22]。

　この意味において、受講者が誰であれ、事前学習の段階でケースにおけるある種の問題点を指摘しておくことは重要である。同時に事前に予想された展開以外の他の議論の展開に対してもケースリーダーは対応可能であることが望ましい。この意味で、教師の役割は非常に大きいといえる。

7. ケースメソッドの問題点

　これまで述べてきたように、ハーバード大学に端を発するケースメソッド方式の授業は、わが国おいても広く採用されているが、そのメリットが強調される半面、そのデメリットも明らかにされつつある。

　ケースメソッド方式を大胆に批判する筆頭はミンツバーグ（Henry Mintsberg）[23]であるが、彼を含めてハーバード・ビジネススクールで採用されているケースメソッド方式に対する批判が展開されている。

　この批判はケースメソッド方式が持つ欠陥を指摘するものとケースメソッド方式を用いて授業を展開する教師そのものに対する評価に関連している。

　前者のケースメソッド方式のもつ欠陥については2つのことがらが指摘される必要がある。1つはケースメソッド方式そのもののもつ欠陥の指摘である。すなわち、ケースメソッドによる授業は業務機能の教育にすぎず、マネジメント教育ではない。また分析至上主義で、テクニックを重視しすぎである[24]。

そのためもあって、リーダーシップ、価値観、道徳心、倫理といったソフトスキルを教えることができないというものである[25]。仮にソフトスキルの1つであるリーダーシップを教えようとしても、それを教えることができる人がきわめて少ないということと、ケースメソッドを用いてリーダーシップのさまざまな側面に焦点を当てることはできるが、ケースそのものが通常、専門が同じ人たちによって作成されるため、仕上がりはその専門分野の域を出ないという欠点を持っている[26]。

ケースメソッド方式のもつ欠点の2つ目のことがらは、この方式を用いて教育された人たちに対する欠点の指摘である。

ビジネススクールで教育を受けた人は過剰な自信を持つようになり、その結果、周囲と力を合わせて事を成し遂げるリーダーではなく、個人プレーヤー型のスペシャリストばかり輩出しているという批判である。その結果ビジネススクール卒業生の多くがコンサルティング会社や投資銀行に就職するという[27]。ミンツバーグは次のような式を用いてビジネススクール卒業生の問題点を指摘している。すなわち、

$$自信 - 能力 = 傲慢$$ [28]

実は、ビジネススクール卒業生に対する企業側のマイナス評価はかなり以前から存在していた。ビジネスウイーク誌が1986年に「企業幹部はビジネススクールの教育をどう評価しているのか」と題して行った調査によれば、企業側の本音が出ていて実に興味深い。そこでは次のような結果が出ている[29]。

- ビジネススクールはマネジメント理論をいろいろ教えているが、企業経営の実務はあまり教えていない。

    そう思う＝86％　そう思わない＝10％　わからない＝4％
- MBA取得者が同程度の実務経験を持つ非取得者より高い給料を受け取るのは当然だ。

    そう思う＝33％　そう思わない＝64％　わからない＝3％
- 若いMBA取得者は、非取得者と比べて会社への忠誠心が弱く、転職率が高い。

    そう思う＝63％　そう思わない＝25％　わからない＝12％

- ビジネススクールの卒業生は、昇進のスピードについて非現実的な期待を抱いている。
    そう思う＝78％　そう思わない＝18％　わからない＝4％
- あなたの子供がビジネスの世界で働こうと考えている場合、MBAの取得を勧めるか。
    勧める＝78％　勧めない＝17％　わからない＝5％

　この結果を見ればわかるように、ビジネススクール卒業生は概して組織に対する忠誠心が欠如しており、反面実際の仕事ぶりに反映されない強烈な自信過剰が企業の側では面倒な存在として映っているように見える。

　こうしたビジネススクール卒業生に対するマイナス評価は近年になっても、いや近年ますます強まっているように見える。図1-2はアメリカの各種の社会階層に対する信頼度がどのように変化したかを調査したものである。これによれば、ビジネス・リーダーに対する信頼性の低下が著しいということが一目瞭然である。この原因は企業の行ったさまざまな非倫理的行動、例えば不正な会計操作、リコール隠し、環境汚染、賄賂などがビジネス・リーダーに対する信頼度を低下させていると考えられる。同時に、先にも述べたようにハーバードを中心とするビジネス・スクールがリーダーを養成するための機関ではないといったことがあげられよう。

　次に、ケースメソッド方式を用いて授業を展開する教師そのものに対する評価に関連した問題点に移ろう。

　これは大学などで講義を行う教員の昇進や待遇に関連したデメリットである。それはケースメソッドを利用した授業を行う教員に対する評価が低くなる傾向があるということである。このためケースメソッドではなく数学や定量分析の能力が重要になり、それが彼らの昇進に大きくかかわるようになってきているということである。いわば実務家教育や実務家の育成にその焦点があるのではなく、自らの昇進や待遇の改善に有利な研究志向の強い経営学者が台頭しているということである[30]。

　以上のように、ケースメソッドを利用したビジネススクールでの教育には、

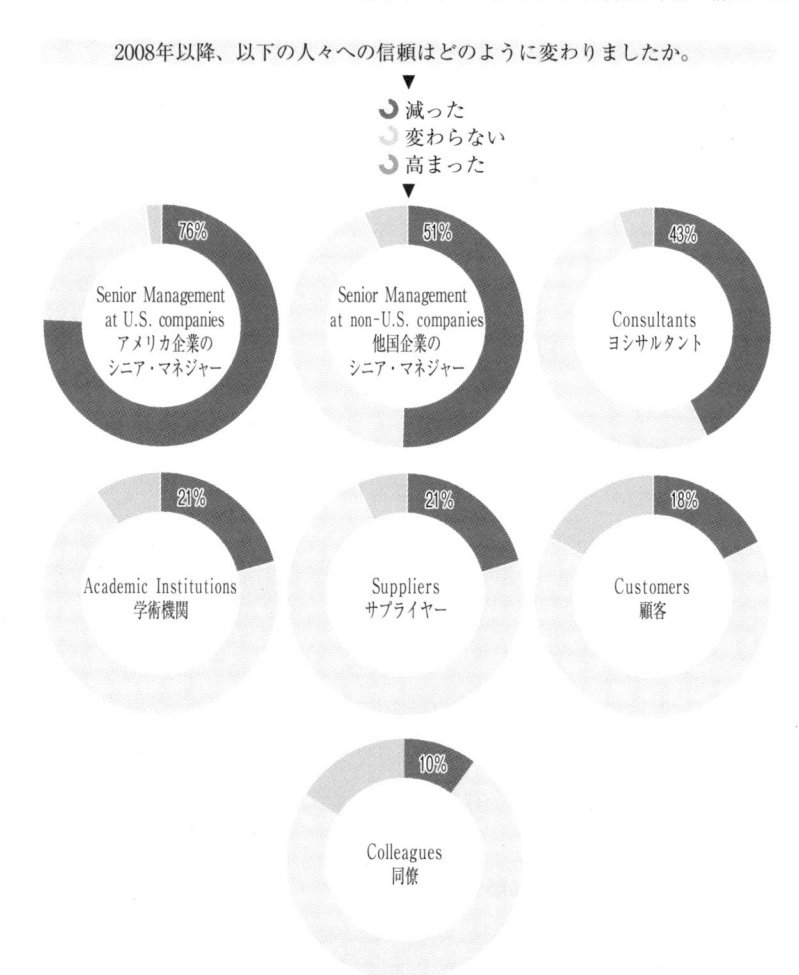

2008年以降、以下の人々への信頼はどのように変わりましたか。

- 減った
- 変わらない
- 高まった

76% Senior Management at U.S. companies アメリカ企業のシニア・マネジャー

51% Senior Management at non-U.S. companies 他国企業のシニア・マネジャー

43% Consultants コンサルタント

21% Academic Institutions 学術機関

21% Suppliers サプライヤー

18% Customers 顧客

10% Colleagues 同僚

【注】
ハーバード・ビジネス・レビュー・アドバイザリー・カウンシルが2009年1月に実施した調査結果である。回答者1024人の40％がアメリカ、60％がアメリカ以外の国を拠点としている。

図1-2　信頼の喪失

出所：ジョエル　M．ポドルニー、スコフィールド素子訳「ビジネススクールの責任」『Diamondハーバード・ビジネス・レビュー』2009年9月号、98頁参照。

ケースメソッド教育そのものが持つ直接的なデメリット（これにはカリキュラムの内容そのものと卒業生への評価が含まれるが）と、ケースメソッドを利用して授業を行う教師に対する評価の２つのデメリットを抱えている。わが国のビジネススクールに対する評価をする際にも、アメリカで指摘されているこうした評価の結果は大いに参考になるのではなかろうか。

第２節　本書の構成内容

　本書は第１章を含め、全体で９章からなっている。第１章ではケースメソッドの方法に含まれるいくつかの論点を整理要約し、我々がケースを作成する上での考え方を展開している。ケース作成における「事実重視型」と「意図重視型」の対比、そしてウエーバーのいうWertfreiheitとの関連性、ならびにケースメソッドが持っているメリットやデメリットについても論じている。

　第２章は調剤薬局アクロスのケースである。株式会社アクロスは、医薬分業施策の進展によって大手調剤薬局の広域化や、ドラッグストアや大手総合スーパー（GMS）の参入が進む中で、社長が製薬メーカーからスピンアウトして調剤薬局を起業後、多店舗化と地域特性を活かした革新的経営で成長している企業である。

　同社は次の５点に示される特徴的な経営を行っている。１点目は「安全性の追求」を最重要課題と捉えた調剤ミスのない確実な調剤の徹底である。２点目はかかりつけ薬局を推進するためにドライブスルー型薬局を展開している。３点目は地域と密接な関係を構築することによる顧客の囲い込みである。４点目は取引先に対する透明性の高い経営内容の開示である。５点目として従業員満足を高めるために自己啓発の場を提供している。

　同社の今後の方向性は、短期的には顧客にかかりつけ薬局として位置づけてもらうためのコンサルティングサービスの充実と、地方都市の特性を活かした地域密着型戦略の浸透を進めていく方向である。しかし、中長期的に存続していくための経営を考えた場合、小手先での対応では限界があり、大手調剤

薬局の進出には規模拡大によるスケールメリットで対抗するしかないと考えている。具体的には中小の調剤薬局間で持ち株会社方式による統合を検討している。

　第3章はブルーベリーで地域興しを行っている神峯園のケースである。農事組合法人神峯園は、うんしゅうみかん市場が戦後初めての大暴落を受けたことから、当時国内での経済栽培が始まったばかりのブルーベリーに着目し、地域のリーダーとして独自のビジネスモデルによって産地化を進め、大崎上島を「ブルーベリーの島」と言われるほどにまで地域ブランドとして作り上げた。同組合は契約農家からブルーベリーを調達し、ジャム等への加工品や生果実を、食品メーカーや食品スーパー等の大口顧客や中央卸売市場、個人顧客に販売する事業を展開している。

　同組合は次の4点に示される特徴的な経営を行っている。1点目は、同組合のブランド力とこれまでの実績による信頼から原材料の調達先である契約農家とも、販売先である大口顧客や個人顧客ともwin-winな関係を構築していることである。2点目は商品のブランド力を維持するための厳選された原材料の使用、保存料・着色料の無添加による製造へのこだわりである。3点目は地域との良好な関係づくりである。4点目は国産ブルーベリー普及のための諸活動である。

　同組合は、「ブルーベリーの島」としての大崎上島の認知度向上と新市場の開拓を進めている。また、中長期的には事業承継による企業的経営の実現を目指している。

　第4章は水にこだわるフットマークのケースである。この会社の事例は「ゴム引き」という綿生地にゴムを重ね合わせて防水加工を施す技術を活かし、ベビーブームを背景におむつカバーの製造業を営んでいた「株式会社磯部商店（フットマークの前身）」が経営環境に適応するだけでなく、縫製技術を核にした水に関連する事業展開、さらには、「介護」という言葉の生みの親でもあるフットマーク株式会社（以下、フットマーク）の現社長が取り組んできた経営戦略と組織の構造化について論じている。

　第5章は異業種間交流でゴム製品の新たな製品開発を目指すコーキマテリ

アルの事例である。ここでは一般工業用・特殊用ゴム板や加工品を取り扱う工機ゴム営業所として創業したコーキマテリアル株式会社（以下、コーキマテリアル）が、ゴム素材の加工において優れた技術力を活かし、水道事業関連分野で競争力を発揮した背景について紹介する。また単なる競争ではなく、業界内における共存や棲み分けをどのように図り、事業ドメインを確立していったのかについてもふれている。

第6章は中小企業の海外進出に伴う苦悩を論じたコアテックの中国子会社の事例である。コアテック株式会社は、顧客である自動車メーカーに対して、自動化・省力化機械装置を納入している研究開発型企業である。その規模は、2008年現在、従業員230名、年商約57億円である。

当社は中国現地生産を行う日系自動車メーカーや中国現地企業のニーズに応えて、中国子会社を設立した。この子会社の成長は、長期的な視点で計画されていた。

当社は、まず、工場建設予定地だった浙江省杭州市で地元出身者の採用を行い、日本において3年間の研修等を行った。「技術の基礎から勉強して欲しい」との思いから計画された研修等は国際研修協力機構から「模範的である」との高評価を得た。

その間、中国行政側の方針変更によって、工場建設予定地が浙江省杭州市から江蘇省張家港市へと変更になった。やっと工場が本格稼働を始めた頃、日本で3年間教育を受けた研修生等9名のうち4名が辞職し、本社に大きなショックを与えた。原因は、工場建設地の変更だけではなさそうだ。中国子会社を経営するにあたって、その人材マネジメントは、今後どのようにすればよいのだろうか。中国子会社および本社の考えはまとまっていない。

第7章は粘着技術で新たな市場を開拓するカモ井加工紙の事例である。岡山県倉敷市に本社を置くカモ井加工紙株式会社には、シェアNo.1の製品が2つある。1つは初代社長のもと開発されたハエ取り紙である。1930年、「カモ井のリボンハイトリ紙」は一世を風靡した。もう1つは2代目社長のもと開発されたシーリング用マスキングテープである。これは生活環境が改善しハエ取り紙の市場が縮小する中、コアテクノロジーである「粘着技術」を活かした新分野

進出だった。工事現場で使用されるマスキングテープは、現場の声を聞き改良を続けた結果、現場の職人に支持され、最盛期では9割のシェアを誇っていた。

　3代目社長が就任した1995年頃は、バブル崩壊の影響から建築市場は縮小し、3つめの柱が期待されていた。技術畑出身ではない鴨井社長は悩んだが、「新しいモノを作るのではなく、新しい経営の考え方でもいいのかな」と考えるようになった。その後、消費者からの一通のメールがきっかけで、工事現場での作業ツールだったマスキングテープを、ラッピング等に活用する雑貨として商品化することになった。現在「mt（エムティー）」と名付けられたカラフルなマスキングテープは、雑貨店の店頭等で幅広い世代に注目されている。

　第8章は接骨院、整骨院を中心としたニッチ市場にこだわるダイヤ工業の事例である。岡山市に本社を置くダイヤ工業株式会社は、接骨院・整骨院むけに通信販売で、医療用品を提供するというユニークな事業システムを構築し、現在、従業員数59名、年商25億円と成長を続けている。

　創業当初、革小物等の生産を行っていた当社が、医療用品業界へ進出したきっかけは、高い縫製技術が認められ、牽引装具の製造を依頼されたことだった。その後、社長の親戚のためにつくったコルセットが好評で、本格的にコルセット・サポーター等の医療用品分野へ参入することになった。

　参入当初は、薬局での販売を試みたが、価格競争に巻き込まれ軌道にのらなかった。しかし接骨院・整骨院の先生からの評価は高く、このルートでの販売に絞ることになった。そして、接骨院・整骨院への営業活動の中でニーズに応えていくうちに、当社では製造しない商材まで扱うようになっていった。

　品揃えが増えていくのと平行して、全国から注文が舞い込むようになり、図らずも通信販売の形ができあがっていった。

　この医療用品等の通信販売事業は、接骨院・整骨院から高評価を得ることに成功している。松尾正男社長は、今後の会社の発展に想いを巡らせている。

　第9章では、「ダイヤ工業株式会社」を用いたケースメソッドによるセミナーの流れを、概観している。

　まず現状分析を行うことによってケースの内容を概ね掴む。また、ダイヤ工業の事業コンセプトの変遷を可視化することで、現状に至るまでのプロセスを

把握する。

　次に顧客への適合をみるために「顧客からの評判」を整理し、事業コンセプトと対比させ、見事な「顧客への適合」具合を確認する。また消費者行動に議論を進める場面もある。

　顧客に適合しているだけではまだ不十分で、競合との関係を見る必要がある。ここでは、ダイヤ工業を「メーカー」「商社」の両面から捉えてポジショニングを検討する中で、さまざまな移動障壁があることを明らかにする。

　これらを取りまとめて、中小製造業が持続的競争優位を確立するためには、技術だけに向き合うのではなく顧客との関係を重視することも重要であるということを導出する。

　最後に、以上の議論で得られた知見を活用して参加者の自社への応用を試みている。

　以上が本書の構成である。それぞれ地域の中小企業として独自の経営戦略を描きながら、その成長を目指している。しかし多くの中小企業がそうであるように、本書で取り上げたケースも試行錯誤の中で、成長を目指している。こうしたケースをどのように論じるかは、教師と受講者、そしてケースそのもののコラボレーションが大切である。すでに何度か述べたように、各ケースの最後に掲げた設問は決して、これらがケースを読んだあとの唯一の設問ではなく、またライブセミナーで展開したように、そうした考え方がこれまた唯一の考え方ではないということである。あくまでも、一つの考え方であり、設問であるということである。

第3節　おわりに

　本章では、わが国でも経営大学院において広く採用されるようになっているケースメソッドによる授業をどのように評価すべきなのかという観点と本書の構成内容について述べてきた。前者についてはケースが持つ特質、「没価値性」と「価値自由」の峻別とケース作成の関係、事実とは何か、ケースリードする

際の注意点とケースメソッドが持つメリットとデメリットなどを論じてきた。

わが国におけるビジネススクールにおける教育において、上記で問題となったいくつかの論点についてどのように考えるのかというとき、すでにアメリカで指摘されているさまざまな論点が参考になると思われる。

後者についてはここであらためてその内容を論じる必要はないと考えられるが、本章第1節でも論じたように、ケースそのものは執筆者の意図が入るものであり。それを前提にした上で設問をあらかじめ設定してあるし、その方が受講者にとってより有益であろうと考えるからである。とはいえ、ケースを読むことでこれ以外の設問はあり得ないということではないし、またライブ授業で再現しているように、この考え方が唯一のものであるとも考えていないということを再度確認しておきたい。

注

1) 高木晴夫・竹内伸一『実践！日本型ケースメソッド教育』ダイヤモンド社、2006年、はじめにⅰ頁、22頁
2) 高木晴夫「ケース・スタディ学習法」『Diamond ハーバード・ビジネス・レビュー』2002年11月号、44頁；高木晴夫・渡邊有貴「リーダーシップR&D」『Diamond ハーバード・ビジネス・レビュー』2005年3月号、86頁参照
3) 高木・竹内、前掲書、21-22頁；米倉誠一郎「ビジネス・ケースの読み方・使い方」一橋ビジネスレビュー編『ビジネス・ケースブック1』所収、2003年、1頁
4) 高木・竹内、前掲書、はじめにⅱ頁
5) 土屋守章『ハーバード・ビジネス・スクールにて』中公新書、昭和49年、15-16頁
6) 土屋、前掲書、54-55頁
7) 土屋、前掲書、67頁
8) 三輪裕範『ハーバード・ビジネス・スクール　MBAへの道』丸善ライブラリー、平成10年、184-185頁
9) 三輪、前掲書、193-205頁
10) 和田充夫『MBA：アメリカのビジネス・エリート』講談社現代新書、1991年、140-141頁
11) 和田、前掲書、140頁
12) 高木晴夫・渡邊有貴「リーダーシップR&D」『Diamond ハーバード・ビジネス・レビュー』2005年3月号、86頁
13) 高木・竹内、前掲書、はじめにⅲ頁

14) 高木・竹内、前掲書、35 頁
15) 高木・竹内、前掲書、24 頁
16) 土屋、前掲書、178-179 頁
17) 土屋、前掲書、181 頁
18) 米倉誠一郎「ビジネス・ケースの読み方・使い方」一橋ビジネスレビュー編『ビジネス・ケースブック 1』所収、2003 年、4 頁
19) とはいえ、次のような反論がなされるかもしれない。例えばある企業の当期の利益額はいくらになるのかということについては、確定的な事実として万人が一致する、と。したがって事実は存在するという反論である。ただし多様な企業現象の中で、なぜ利益額に着目したのか、そこには何らかの意図が存在する。例えば、利益額ではなく利益率でもよいのではないか、あるいは売上高でもよいのではないか。つまり事実に着目すること自体に何らかの意図が背後にあるということである。同時に、利益額という事実が存在するにしても、利益額をどのように解釈するのが正しい解釈になるのかと考えると、さらに問題は複雑化する。このように、事実の確定と事実の解釈という二重の困難性が「事実」についての問題を複雑にさせている。
20) 清水勝彦『経営意思決定の原点』日経 BP 社、2008 年、17-19 頁参照
21) ケース作成において、執筆者の価値観や意図の混入を免れないとすれば、いたずらに客観的事実を追い求めるのではなく、「メガネ」や「レンズ」というフィルターを通した「事実」を描いていることを認識すべきであろう。この結果、「意図」が混入したケースはそのケースを読む受講者にとっては多様な意見の発露をおのずと限定してしまう可能性がないわけではない。しかし、「意図」混入自体は人間の認知能力の限界が惹起せしめる問題としてあきらめることが必要な問題でもある。
22) 学部学生と社会人大学院生に対して行ったケース授業において、ケースを読むこと以上の議論の展開を彼らに任せることは大きな困難に直面することがたびたびあったことを指摘しておきたい。この意味において、学部学生も社会人院生もそれほど大きな差異はないのかもしれない。
23) 彼は MBA 教育そのものを大胆に批判しているが、その典型的な授業方式であるケースメソッド教育に対しても手厳しい批判を展開している。これについては以下の文献を参照してほしい。ヘンリー・ミンツバーグ／ジョナサン・ゴスリング、有賀裕子訳「真のリーダーは教室では育てられない」『Diamond ハーバード・ビジネス・レビュー』2002 年 12 月号：ヘンリー・ミンツバーグ、池村千秋訳『MBA が会社を滅ぼす』日経 BP 社、2006 年など。
24) ミンツバーグ、前掲書、第 2 章参照
25) ジョエル M. ポドルニー、スコフィールド素子訳「ビジネススクールの責任」『Diamond ハーバード・ビジネス・レビュー』2009 年 9 月号、97 頁

26) ボドルニー、前掲論文、99-102頁
27) ヘンリー・ミンツバーグ／ジョナサン・ゴスリング、有賀裕子訳「真のリーダーは教室では育てられない」『Diamond ハーバード・ビジネス・レビュー』2002年12月号、174頁
28) ミンツバーグ、前掲書、101頁
29) ミンツバーグ、前掲書、114-115頁
30) ウォーレン G. ベニス／ジェームズ・オトゥール、山口光生訳「ビジネススクールは病んでいる」『Diamond ハーバード・ビジネス・レビュー』2005年9月号、114-117頁

参考文献

・石倉洋子「ケースをいかに学ぶか Part Ⅱ」一橋ビジネスレビュー編『ビジネス・ケースブック1』所収、2003年
・伊丹敬之「ケースをいかに学ぶか Part Ⅰ」一橋ビジネスレビュー編『ビジネス・ケースブック1』所収、東洋経済新報社、2003年
・岩瀬大輔『金融資本主義を超えて：僕のハーバードMBA留学記』文春文庫、2009年
・ロバート K. イン、近藤公彦訳『ケース・スタディの方法 第2版』千倉書房、1996年
・HBR CASE STUDY「CEOが現場に口を挟むのは必要悪なのか」『Diamond ハーバード・ビジネス・レビュー』2005年1月号
・清水勝彦『経営意思決定の原点』日経BP社、2008年
・高木晴夫「ケース・スタディ学習法」『Diamond ハーバード・ビジネス・レビュー』2002年11月号
・高木晴夫・渡邊有貴「リーダーシップR&D」『Diamond ハーバード・ビジネス・レビュー』2005年3月号
・高木晴夫・竹内伸一『実践！日本型ケースメソッド教育』ダイヤモンド社、2006年
・土屋守章『ハーバード・ビジネス・スクールにて』中公新書、昭和49年
・ウォーレン G. ベニス／ジェームズ・オトゥール、山口光生訳「ビジネススクールは病んでいる」『Diamond ハーバード・ビジネス・レビュー』2005年9月号
・ジョエル M. ポドルニー、スコフィールド素子訳「ビジネススクールの責任」『Diamond ハーバード・ビジネス・レビュー』2009年9月号
・三輪裕範『ハーバード・ビジネス・スクール MBAへの道』丸善ライブラリー、平成10年
・ヘンリー・ミンツバーグ／ジョナサン・ゴスリング、有賀裕子訳「真のリーダーは教室では育てられない」『Diamond ハーバード・ビジネス・レビュー』2002年12月号
・ヘンリー・ミンツバーグ、池村千秋訳『MBAが会社を滅ぼす』日経BP社、2006年
・和田充夫『MBA：アメリカのビジネス・エリート』講談社現代新書、1991年
・米倉誠一郎「ビジネス・ケースの読み方・使い方」一橋ビジネスレビュー編『ビジネス・ケースブック1』所収、2003年

第2章 アクロス
―地域特性を活かして成長を続ける調剤薬局チェーン―

山本公平

第1節　はじめに

　わが国は世界でも有数の長寿国家となったが、一方で少子高齢化が進み、国民医療費は2007年度で年間約34兆円[1]であり国民所得の約9%を占めるまでになっている。国は生活習慣病対策に代表される予防医療の推進や、定期的な診療報酬の改定などによって医療費の抑制に努めている。医療費抑制策の1つである医薬分業も積極的に進められ、医薬分業率も約57%にまで上昇している。

　本章では、医薬分業施策の進展によって大手調剤薬局の広域化や、ドラッグストアや大手総合スーパー（GMS）の参入が進む中で、製薬メーカーからスピンアウトして起業後、多店舗化と地域特性を活かした革新的経営によって成長を図りながらも、将来の方向性に迷いを感じている調剤薬局チェーンの株式会社アクロスを紹介する。

第2節　株式会社アクロスの沿革

株式会社アクロス（以下「アクロス」と言う）の概要は次のとおりである。

■株式会社アクロスの会社概要
　□設立：1997年9月
　□資本金：1,000万円
　□売上高：6億8,000万円（2009年8月末決算）
　□経常利益：2,000万円（2009年8月末決算）
　□代表者：代表取締役　神代　良彦
　□本社：山口県
　□店舗：山口県内に8店舗を展開
　□従業員数：37名（うち役員3名、薬剤師21名含む（2009年4月末現在））
　□事業内容：調剤薬局
　□取扱商品：医療用医薬品、一般用薬品、衛生用品等

> すこやかはこぶ　くすりやさん
> 　もっと確実に、もっと便利に、もっと心をこめて…
> 　アクロスは、健やかな生活をサポートしています。
> 　　　　　　　　　　　　　　　　　（ホームページより抜粋）

　□企業理念：医食同源、安全性の追求、自己啓発の場の提供
「人間の健康には、病気の治療だけでなく普段の食事も同じ源であって大事なもの」と考える医食同源と安全性の追求、自己啓発の場の提供を企業理念とし、「もっと確実に、もっと便利に、もっと心をこめた」顧客対応によって地域のかかりつけ薬局を目指した経営を行っている。

　それでは、製薬メーカーのサラリーマンであった神代氏が、企業を早期退職して起業し、新規出店や企業買収による多店舗展開型の経営を進めてきた経緯について概説したい。

1. スピンアウト型の起業

　神代氏は大学の薬学部を卒業後、製薬メーカー A 社に入社し営業職（医薬情報担当者）として 31 年間勤務した。高校時代には経済学部志望であり、薬学部に進学したものの大学在籍中から日本経済新聞を愛読するなど経済に対する関心が高く、A 社在籍中に独学で中小企業診断士資格を取得している。

　A 社時代は、中四国・九州地区の営業部門の責任者を歴任したが、中堅社員時代に同地区で大学病院の担当となり、この時に培った大学病院勤務の医師との人脈が今の経営に有効に活用されている。

　1997 年に、大学病院を担当していた当時から懇意であった山口県内の B 外科医院の院長から、医薬分業体制を推進するために調剤薬局の出店を要望された。

　当時の神代氏は 50 代前半であり、副支店長として支店のマネジメント業務に従事していたが、医薬品業界では次のようなグローバル化と規制緩和による業界再編が進行していた。新薬の開発には約 10 年間の開発期間と 100 億円規模の投資が必要とされてきたが、現在ではゲノム新薬など国家プロジェクトクラスにまで投資規模が上昇し、その金額は 1,000 億円規模とも言われている。また、以前は国内データしか認められなかった新薬開発の申請に必要な臨床データが、国外での臨床データも認められることになった。

　神代氏は、近年のうちに外資系企業が本格的にわが国への参入を始め、国内の製薬メーカー間で再編が進められると予測した。その中で A 社のような薬品売上高 1,000 億円規模の製薬メーカーでは、開発の資金力も乏しく単独での存続は困難とし、神代氏はスピンアウトして起業することを決意した。

　その後、わが国の医薬品業界は、経済のグローバル化の進展から国内製薬メーカーにも国際競争力が求められるようになり、国内企業間による合併や外資系企業の資本参加などによって寡占化が進んでいる。

2. 起業から多店舗化へ

　先に述べたように起業を決意した神代氏は、B院長に対して「医院と調剤薬局が対等な関係」で薬局経営を行うことを提案し、B院長の了解を得た上で起業した。これ以降の新規出店や買収による出店に対しても、神代氏は関係する医療機関の院長に対して同様の了解を得たものについてのみ出店する姿勢を続けている。

　さて、B医院は地域内で最も患者数の多い医療機関であり、1日平均約200人が通院している。アクロス出店以前から、調剤薬局が院長の同意を得ないで2軒の出店をしていたが、B医院受診患者の中でアクロスへ来店する患者の処方箋は月平均約2,200枚となり、初年度決算から黒字経営となった。この店舗の売上状況は、その後も同じ状態で推移しアクロスの旗艦店舗と位置づけられている。

　山口県内で順調に経営をスタートした神代氏は、当初多店舗化は想定していなかった。ところが、2001年秋にも、大学病院担当時代から旧知のC医師が開業するからと調剤薬局の出店を要望される。神代氏が、経営コンサルタントに依頼して市場調査したところ、1日の患者数が平均60～70人を採算ラインと想定すると、1日当たり40～50枚のC医院以外からの処方箋が必要になるとの試算結果が出た。つまり、経営コンサルタントからの診断結果は新規出店に対して否定的な見解だった。

　しかし神代氏は、C医院近くの国道沿いに約300坪の土地を見つけたことから、従来の門前薬局ではなく、ドライブスルー型調剤薬局を出店することで複数の医療機関の処方箋を受け入れる面的薬局への転換を検討した。そして、「ドライブスルー型薬局や健康づくりを支援するコンサルティングの展開」という革新性をテーマに、中小企業経営革新支援法[2]を申請し認定を受けた。その結果、認定企業への優遇措置によって、当時の国民生活金融公庫（現在は日本政策金融公庫）から設備投資を目的とした低金利での借入が可能となった。

　神代氏は、この経験から行政による有利な資金調達の支援制度について学び、多店舗化による薬局経営について検討を始めた。その後も、A社時代のつながりから、複数の医師から出店を要請され、現在8店舗にまで多店舗化を進めている。

第3節　業界特性

1. 調剤薬局とは

　薬局は薬事法に基づいて都道府県知事の許可を得て開設された店舗である。薬剤師が常駐し、医師や歯科医師（以下「医師等」と言う。）の出す処方箋を基に調剤した医療用医薬品を患者に提供する調剤事業に加えて、一般用医薬品（以下「大衆薬」と言う。）や化粧品、衛生用品などの販売を行っている。大衆薬を販売する店舗であっても、調剤室が設置されていない店舗や薬剤師が常駐していない店舗のドラッグストアや薬店は、薬局の名称を使用することはできない。本節では、調剤事業が経営の中心となる薬局を調剤薬局として定義し、業界特性について説明する。

　調剤薬局の業務は、次に述べるように医薬分業の一翼を担っている。医薬分業とは、医師等による診療業務と薬剤師による調剤業務を分離することを示す。医療機関では薬を外来患者に渡さず、患者が医師等に書いてもらった処方箋を院外の調剤薬局に持っていき、そこで調剤してもらった薬を受け取るシステムである。このシステムは①重複投薬などに対して医師等と薬剤師のダブルチェック機能が働く、②患者の体質やアレルギー歴による薬の副作用や服用・保管方法などの細かい服薬指導を薬剤師から受けられる、③医療機関での患者の待ち時間が短縮される、④医療機関に在庫負担がないことから医師等の処方できる薬剤の選択肢が拡がる、などのメリットが考えられる。医薬分業の最大のメリットは、複数の医療機関から処方される薬剤が調剤薬局によって一元管理されることで、重複投薬の危険を防ぐことにある。

　医薬分業制度の開始当初は、医療機関の敷地近くに医師の承諾を得た「門前薬局」と言われる調剤薬局が多く存在し、患者は受診する病院ごとに異なる調剤薬局から薬を受けとることが多かった。

　厚生労働省は、重複投薬の危険を防ぐために、1軒の調剤薬局で患者の薬歴管理を行う「かかりつけ薬局」としての利用を普及啓発している。例えば地域の基

幹病院では、地域の薬剤師会が希望する患者の処方箋のデータを事前にかかりつけ薬局へファックス送信するサービスを行っている。このサービスによって、薬剤データが患者の到着前に届くことで患者の調剤薬局での待ち時間を短縮することが可能となり、かかりつけ薬局の利用が促進される。現在は「門前薬局」から複数の医療機関の処方箋に対応する「面的薬局」への移行期にあると言える。

2. 市　場　性

調剤薬局市場は、国が医薬分業の啓発普及活動を積極的に進めてきたことから、下図のように国民医療費が微増で推移しているにもかかわらず、2003年

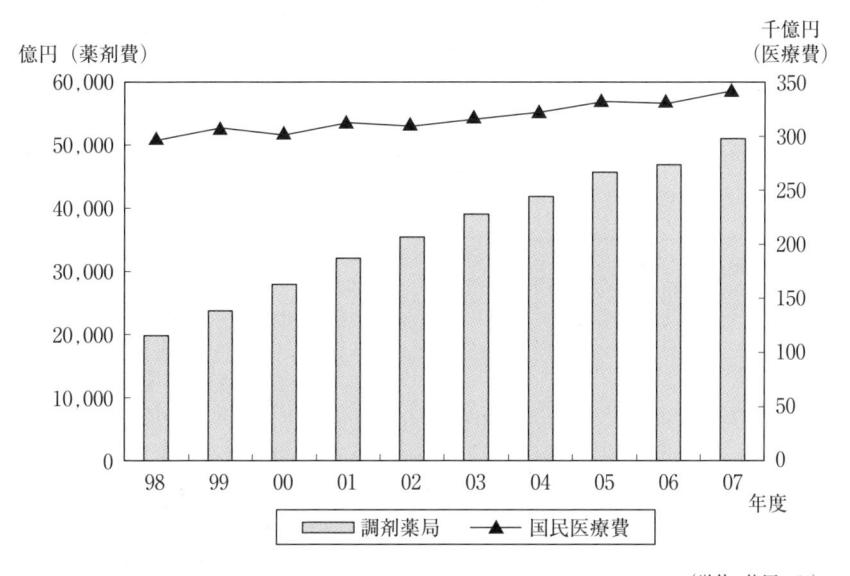

(単位：億円、％)

年　度	1998	1999	2000	2001	2002	2003	2004	2005	2006	2007
調剤薬局	19,677	23,844	27,605	32,140	35,297	38,907	41,935	45,608	47,061	51,222
対前年比	118.0	121.2	115.8	116.4	109.8	110.2	107.8	108.8	103.2	108.8
国民医療費	295,823	307,019	301,418	310,998	309,507	315,375	321,111	331,289	331,276	341,360
対前年比	102.3	103.8	98.2	103.2	99.5	101.9	101.8	103.2	100.0	103.0

図2-1　調剤薬局薬剤費・国民医療費の推移
出所：厚生労働省「平成19年度国民医療費調査」

度までは対前年比110%を超えていた成長性の高い市場であり、最近の成長はやや落ち着いた状況にある。

　日本薬剤師会がホームページ[3]上で公開している処方箋受取率の推計からみた医薬分業率は、1998年度30.5%から2008年度には59.1%と急速に進んでいる。医薬分業の進捗状況を地域別にみると、北海道、東北、関東、は60%以上を示し、中でも宮城、秋田、神奈川、新潟、佐賀は70%を超えている。一方で、福井、京都、和歌山、徳島は40%を下回っている。アクロスが薬局を展開する山口県の医薬分業率は61.7%と全国平均をやや上回っている。

　また、大衆薬の販売に対する規制緩和として2009年6月から改正薬事法が施行され、副作用リスクの高くない第2類または第3類であれば、店舗に「登録販売者[4]」が常駐していればスーパーマーケットやコンビニエンスストア、家電量販店でも販売が可能となった。コンビニエンスストアを中心に他業種からの参入が相次ぎ、大衆薬の価格競争は、激しいものとなっている。

表2-1　薬事法改正による大衆薬の分類

薬の3分類		箱の表示	リスク分類の基準	売り場での並べ方	適正使用のための質問・説明	対応
第1類		第1類医薬品	特にリスクが高いもの	直接手に取れない場所への陳列	体調や他の薬の服用などを質問。書面を使って必要な情報を提供。	薬剤師
第2類	指定第2類	第②類医薬品 第②類医薬品	リスクが比較的高いもの	直接手に取ることができる陳列。他の品物と区別する。	体調や他の薬の服用などの質問を通じて、必要な情報の提供に努める。	薬剤師または登録販売者
	第2類	第2類医薬品				
第3類		第3類医薬品	リスクが比較的低いもの		適切な使用のための適切な対応。	

出所：社団法人日本薬剤師会「お薬の買い方が変わります」

　そのため、ツルハホールディングスやグローウェルホールディングスなど7社のドラッグストアと2社の調剤薬局で構成される国内最大級のイオングループは、調剤機能を持った店舗を1,200店から1,500店とし調剤事業を強化することとした[5]。2009年度現在、グループとして2,600店舗で8,000億円の売上

高があり、2012年度末までに新規出店によって3,000店舗とし、調剤機能を持った店舗を300店舗に増やす計画である。医療用医薬品は国が薬価を定めていることから、価格競争の厳しい大衆薬よりも高い利益率によって収益力を高めることを目的としている。

同様に、大手総合スーパーマーケットや大手ドラッグストアも、店舗内に調剤部門の設置を進めている。高い利益率に加えて店舗内で調剤薬局を運営することによって、患者が調剤中の待ち時間に店舗内を回遊することで、さらなる購買行動に結びつけるワンストップショッピングの充実を図ろうとしている。

加えて、医薬品卸からの薬剤の購入価格は、調剤薬局側の購入量によって変動する。多店舗展開することで、医薬品購入量を増やし、そのスケールメリットをいかして薬価差の利ざやを得ようとするのである。そのため、大手調剤薬局チェーンも新規出店やM&Aによる積極的な全国展開を図っている。

以上述べたように、調剤薬局業界の構造上の特徴は、ドラッグストアや総合スーパーマーケットからの新たな新規参入が進んでいる点にある。

表2-2 大手ドラッグストアの売上高と店舗数

	売上高（億円）	店舗数
イオングループ	8,700	2,600
マツモトキヨシHD	3,923	970
スギHD	2,722	670
カワチ薬品	2,340	180
サンドラッグ	2,325	580

出所：日本経済新聞「イオン調剤事業を強化」、2009年10月17日

一方で、国は総医療費の削減策として定期的に薬価[6]引き下げを行っており、加えて医療保険から支払われる調剤報酬[7]も横ばい状態にあり、1店舗当たりの調剤収入は伸び悩んでいる。

このように、既存店の売上増加が困難なことからも、大手調剤薬局はスケールメリットを求め、合併・買収の流れはますます加速することが予想される。

アクロスが基盤とする山口県下においても、表2-3のとおり大手調剤薬局の進出が始まっている。現時点ではアクロスに直接影響を及ぼす店舗はないも

表 2-3　山口県内へ進出の大手調剤薬局（資本金1億円以上の企業）

企業名	本社所在地	資本金	売上高	薬局数	山口県下店舗
総合メディカル株式会社	福岡市、東京都	35億1,300万円（東証一部上場）	658億7,900万円（2009年3月期）	287店舗	下関市（2店舗）、宇部市（2店舗）、萩市、防府市、周南市（2店舗）、光市（2店舗）、岩国市
日本調剤株式会社	東京都	39億5,302万円（東証一部上場）	858億円（連結2009年3月期）	287店舗	下関市（2店舗）、光市
株式会社阪神調剤薬局	兵庫県芦屋市	7億780万円	261億5,400万円（2007年3月期）	122店舗	岩国市
株式会社トータルメディカルサービス	福岡県古賀市	1億3,850万円	58億円（2009年3月期）	29店舗	下関市（2店舗）

出所：各社ホームページ、2010年3月14日現在

のの、今後当店付近への出店も十分に考えられることから脅威である。

第4節　アクロスの経営の特徴

　国の医薬分業施策の推進とともに成長し、大手調剤薬局の新規出店やM&Aによる広域化、ドラッグストア、総合スーパーの新規参入によって、合併・買収の流れがさらに加速すると予測される調剤薬局業界について述べてきた。本節では、大手の台頭が著しい調剤薬局業界においてアクロスがどのような特徴をもった経営を行うことで存続を図っているかを概説してみたい。

1. 調剤ミスのない確実な調剤の徹底

　アクロスは、企業理念の1つとして「安全性の追求」を掲げている。誤薬などの医療事故の発生は、アクロスの経営に致命的な打撃を与えることから、神代氏はこれを企業理念とし、アクロスの最重要課題と捉えている。

　アクロスではその具体的方策として4段階のチェックを行っている。第1

段階は、かかりつけ薬局として患者一人ひとりの服薬履歴をコンピュータで管理することで、複数の医療機関からの重複投与や副作用のある薬剤の処方について調剤の前にチェックしている。

　第2段階は、散剤監査システムの導入によって薬剤師が調剤した粉薬の種類や量にまちがいがないかを監査することを可能とした。

　第3段階は、監査システムで処方箋の内容とまちがいがないかをチェックした薬剤を分包機によって正確かつ迅速に分包していく。

　最後にアクロスの薬袋には、患者ごとに処方する薬の写真や用法、分量が印刷されており、薬棚から取り出した薬は確実にその写真の上に置いて、患者に手渡すまでに必ず3人が関わり、その都度チェックする仕組みを実践している。患者に対しても、薬を薬袋の上に置いた状態で服薬指導を実施している。写真を見せながら説明するので、複数の薬が処方されることが多い高齢者にも、どれを何錠服用すればよいのかがわかりやすいと高い評価を得ている。

　安全性の追求を企業理念とし、業務面でその理念を確実に実行していることから、従業員にも業務の中でこの意識が定着している。

2. ドライブスルー型薬局の展開

　先述したように、C医院の薬局開設時にC医院からの患者数が少ないことが課題であった。立地が国道沿いであったことから、郊外型で交通量の多い特性を活かして、他の病院からの処方箋も受け付ける面分業を積極的に行うためにドライブスルー型の薬局とした。この方式は山口県下で初の事例でもあったことからテレビなどのマスコミにも紹介されたことで認知度も高まり、処方箋400～500枚／月が他の医療機関からのものとなり、単体での黒字化を達成することができた。現在は、この店舗を含めて2店舗がドライブスルー型を採用している。

　この方式は、駐車場側にドライブスルー専門の受付窓口があり、患者はそこから処方箋を薬剤師に渡す。薬の調剤ができるまでの時間、患者は駐車場で車に乗ったまま待機する。調剤が終了すると、注文時に貸し出された携帯電話に連絡が入り、患者は車を出口へ進めて調剤した薬を購入するシステムとなって

この方式のメリットは、次の3点に集約される。1点目は、患者は車に乗ったままの状態で調剤してもらえるので、患者のプライバシーが確保される。特に、他人に知られたくない病気の患者には助かる。2点目は抵抗力の落ちている患者にとって、他の患者から新たな病気を移される可能性が低くなる。3点目は病気の子供連れや身体障害者、高齢者にとっては、車内から移動する必要がないことが負担軽減に繋がることとなる。

　このシステムの優位性は、車での行動が中心の地方都市に住む生活者の行動様式を踏まえたところにある。この地域の患者の多くは車で通院している。医療機関の駐車場から車に乗ったままの状態で、薬を受け取ることができる調剤薬局があるならばそこを選択する。その結果、患者が受診するすべての医療機関の処方箋を持ってくることとなり、かかりつけ薬局としての機能も果たせることとなるのである。

3. 地域とのつながり

　創業した薬局のある地域は、全国でも有数の高齢化率が高い町である。アクロスでは、B医院院長からの依頼で地域の寝たきり老人を中心に訪問薬剤管理指導[8]を行っている。また、神代氏は町内の学校指定薬剤師などの町の各種公職についており、地域への貢献を図りながらも地域住民と密接な関係を構築することで顧客の囲い込みを図っている。

　また、高齢者介護施設などでの薬剤の管理を総合的に引き受けるサービスや、一般家庭への薬剤の配達は他の店舗でも要望に応える体制を構築している。そのほかにも、家庭で余ってしまった薬剤や使用済みの注射器などの処分を無料で引き受けたり、禁煙や薬物防止などの講演を行う生涯教育活動も行っている。

　これらの活動は、大手が簡単に模倣できないサービスによって地域とのつながりを密にしていくことで、地域の住民のアクロスに対するかかりつけ薬局としての意識を高めてもらうことを目的としている。

4. 透明性の高い経営内容の開示

　前述したとおり神代氏は、新規出店時には医療機関と対等な立場での商取引を行うことを事前に院長に対して説明し、了解が得られたものに限り出店している。

　リベートなどによる医師との不透明な関係から利益率を低下させる調剤薬局が少なくない。神代氏は、出店時に医師との透明な関係による経営を提案することで公正な経営の仕組みを示し、これに同意できるパートナーとだけビジネスを行う方法が、結果として経営上のリスク回避にも繋がっている。また、この方法によって、ビジネスに対して公正な医師を選択することが、患者に対しても公正な医療を行う医師を選択することとなり、結果として患者数の多い医院を選択することにも繋がっている。

　さらにアクロスは、薬の調達先である医薬品卸に対しても、手形を使用せず毎月末締めの翌月銀行口座引き落としでの支払いを行うことで、卸からも高い信頼を得ている。

　加えて、メインバンクおよび政府系金融機関、補助金などを受ける県に対しても、毎期の決算書を提出することで、透明性の高い経営姿勢を示し信頼を得ている。

　このように、透明性の高い経営の仕組みを構築することで、各利害関係者からの信頼を得ている。

5. 従業員満足の徹底

　アクロスの企業理念の1つに、「自己啓発の場の提供」がある。従業員のキャリアパスをサポートするために、薬剤師としてだけではなく、将来の独立開業を希望する従業員が経営についても学べる仕組みを提供している。

　神代氏自身が中小企業診断士であることから、自発的に参加する従業員を対象とした経営に関する定期的な勉強会を開催している。また、財務諸表や日々の経営状況などのデータはすべてオープンになっており、従業員に対しても透明性の高い経営が実践されている。

将来の独立開業の希望者や、企業経営に関心の高い従業員には、業務知識を習得した段階で店長や取締役に任命することで権限を委譲し、働きながら調剤薬局の経営について実践的に学ぶことができる仕組みとしている。

これらの自己啓発の制度はホームページに掲載されており、山口県下の中小企業でありながら、働きながら経営や薬局としての技術が学べることを希望しての入社応募者が多い。

第5節　今後の方向性と課題

1. 短期的目標と課題

神代氏は、アクロスの短期的戦略として次の2点を課題としている。

1点目はコンサルティングサービスの充実である。前述したように、神代氏は企業理念である安全性の追求はすでに機能していると評価する。次の段階として「かかりつけ薬局」の機能を持つためには、医師等から処方された薬を提供するだけではなく、患者との関わりの中で、他に受診している医療機関から処方された薬との関連性など適切な服薬指導を行うために、積極的に顧客情報を管理しようとする従業員の意識の必要性を指摘している。

そのためには、従業員教育システムの確立を必要とするが、OJTは神代氏が各店舗に定期的に出向いた時に実施しているものの、現在の8店舗体制では薬剤師や事務員も含めた従業員にOffJTを実施させる余裕がないことが課題となっている。神代氏は、なぜ顧客情報を管理する必要があるのかを従業員が理解しないままでは、仕組みを構築していくためのモチベーションが高まらないと感じており、それにはOJTだけでは時間が足りないことを苦慮している。

2点目は、前述した訪問薬剤管理指導を各店で実施することによる地域密着型戦略の浸透である。山口県には人口20万以上の都市は存在しないことから、地方都市の特性を活かした顧客の囲い込みを図りたいと考えている。それには薬剤師の確保が必要であるが、大手ドラッグストアがドミナント戦略に

よって、新規出店攻勢をかけており、薬剤師が全国的に不足している状況にある。アクロスは幸いなことに薬剤師不足には至っていないが、大手からの引き抜きの影響は出始めている。

2. 中長期的目標と課題

　神代氏は、大手調剤薬局の進出を最大の脅威として捉えている。短期的な対策として、コンサルティングサービスの充実や、地域の囲い込みなどによる差別化戦略も有効であるが、中長期的に存続していくための経営を考えた場合、小手先での対応では限界があると指摘する。大手調剤薬局のスケールメリットによるコストダウンには、規模拡大によるスケールメリットで対抗するしかない。

　そこで神代氏は、山口県、福岡県、広島県を中心に、中小の調剤薬局間で持ち株会社方式による統合によって対抗しようと計画している。大手に対抗するには、統合によって40店舗体制で年間売上高を50～60億円規模とし、株式上場によって資本調達を容易にすることが必要と考えている。

　そのメリットとして、次の3点を示している。1点目は、薬の購入量が増加し、そのスケールメリットによって価格交渉力が強化されることである。2点目は持ち株会社方式を採用することで、統合する経営者の出資者としての権利は温存される。また、株によって客観的な資産価値が示されるので、後継者がいない場合にも事業承継を容易にする。3点目は、統合によって企業規模が拡大し知名度が上がることで、従業員の採用が容易になり、OffJT研修も従業員をやりくりすることによってうまく機能するようになる。

　この計画を基に、神代氏は山口県を中心に多店舗化を図る調剤薬局に対して、医薬品卸や金融機関を通じて企業統合の提案を申し出ているが、企業の資産評価や組織文化の違いから、これまでのところ具体的に進展したものはない。神代氏は、今後も企業統合を進めていきたいと考えている。

◆設問
1. アクロスがベンチャーとして成功した原因はどこにありますか。
2. あなたなら今後のアクロスの展開をどうしますか。

3. 企業統合が進まない原因はどこにあると思いますか。

注
1) 平成21年度厚生労働白書。
2) 革新的経営を図ろうとする中小企業の経営基盤強化を支援する制度。どういった革新的経営を図るのかを事業計画等で申請し、認定された企業に対しては、補助金、政府系金融機関からの低利融資、税制面の優遇措置等が受けられる。http://www.pref.hiroshima.jp/shoukou/keiei/shien/index.html
3) http://www.nichiyaku.or.jp/
4) 一定期間医薬品の販売経験があり都道府県が行う登録販売者試験の合格者。
5) 日本経済新聞、「イオン調剤事業を強化」、2009年10月17日。
6) 医療保険の対象となる薬の公定価格。この価格と卸からの調達額の差が薬価差益として薬局の利益になる。
7) 調剤薬局で支払う薬代は、次のとおりである。薬価が引き下げられると、薬科差益も減少し、調剤報酬が利益源となるが、増額されないことから利益率が低下する。
　　　薬代＝調剤報酬×30％（自己負担率）＋薬剤一部負担金
　　　調剤報酬（保健点数）＝基本調剤料＋指導管理料＋調剤料＋薬剤料＋その他（特別加算）
8) 在宅患者訪問薬剤管理指導と言い、医師からの依頼を受けて、毎月2回訪問して服薬指導を行う。アクロスでは約50人を対象に行っており、2回の服薬指導で、薬代とは別に1人当たり8,000円の指導料収入が得られる。

参考文献
・厚生労働省『平成21年版厚生労働白書』、2009年
・社団法人金融財政事情研究会、『第11次新版業種別審査事典第8巻』、株式会社きんざい、2008年
・日本経済新聞『「かかりつけ薬局」をもとう』、2009年8月9日
・日本経済新聞『イオン、調剤事業を強化』、2009年10月17日
・株式会社トータルメディカルサービス、http://www.tms-inc.co.jp/
・株式会社阪神調剤薬局、http://www.hanshin-dp.co.jp/
・社団法人日本薬剤師会、http://www.nichiyaku.or.jp/
・そうごうメディカル株式会社、http://www.sogo-medical.co.jp/
・日本調剤株式会社、http://www.nicho.co.jp/

第3章 農事組合法人 神峯園
―ブルーベリーで島おこし―

山本公平

第1節 はじめに

　国は新たな中小企業施策として、農商工連携など地域資源を活用した地域活性化策を推し進めている。農商工連携とは、農林漁業者と企業が連携することで、地元の第一次産品を地域ブランドとして加工品や新たな流通経路などを開発し、地域経済の活性化を図ろうとするものであり、農林水産省と経済産業省が省庁横断的にこの施策に取り組んでいる。

　本章では、うんしゅうみかん市場が戦後初めての大暴落を受けたことから、当時国内での経済栽培が始まったばかりのブルーベリーに着目し、地域のリーダーとして独自のビジネスモデルによって産地化を進め「ブルーベリーの島」と言われるほどにまで地域ブランドとして作り上げた農事組合法人神峯園(以下「神峯園」と言う)を紹介する。

■神峯園の会社概要
　□設立：1986年
　□出資金：1,100万円
　□売上高：4,300万円（2009年2月末決算）

□経常利益：200万円（2009年2月末決算）
□代表者：代表理事　横本　正樹
□所在地：広島県豊田郡大崎上島町
□組合員数：131名（非農家組合員も含む　2009年2月末現在）
□契約農家数：105戸（組合員農家85戸、非組合員農家20戸　2009年2月末現在）
□契約栽培面積：4.5ha
□事業内容：ブルーベリーの加工品製造、販売
□組合理念：国産ブルーベリーの普及
　「ブルーベリーの大崎上島」の知名度を高める
　組合員の幸福

第2節　うんしゅうみかん市場の大暴落を経て

1. うんしゅうみかん市場の大暴落

　代表理事の横本氏は、父親が転勤族だったため大崎上島で育ったのは5歳までで、その後は東京を中心に全国各地で暮らしてきたが、夏休みや冬休みなどの長期休暇には島に帰省し祖父母の農作業を手伝っていた。1973年に東京農工大学農学部を卒業するとすぐに、カンキツ類の栽培農家だった祖父の農業を承継するために帰郷した。広島県竹原市の沖合に浮かぶ大崎上島は、瀬戸内海の温暖な気候を活かしてうんしゅうみかんを中心としたカンキツ類の一大産地である。当時のうんしゅうみかんは、専業農家として十分にやっていけるほどの市場価格[1]で取引されていた。

　ところが、横本氏が帰島した年（1972年産）のうんしゅうみかん市場は、戦後始まって以来の大暴落となった。横本氏の1haの果樹園で採れたうんしゅうみかんの売上高はわずか50万円ほどにしかならず、そのほとんどが肥料や農薬代金の支払いに消えてしまった。横本氏は農業だけでは生活できなくなっ

たので、島内の中学で臨時講師をしながら兼業でカンキツ類の栽培を行うこととした。しかし将来は、再び専業農家として自立するために、カンキツ類を補完するような農産物の検討をはじめた。

2. ブルーベリー事業への参入

今ではポピュラーとなったブルーベリーだが、20世紀初頭にアメリカで野生種の栽培から始まり品種改良が進められたもので、栽培の歴史は新しい。わが国では国の農業試験場が、第二次世界大戦後アメリカから苗木を導入し研究が始まった。その後、福島県園芸試験場長から東京農工大学に移った岩垣駛夫教授が大学での研究を始め、同大学果樹研究室の卒業生が1968年に小平市で国内第1号の経済栽培を開始する。

カンキツ類を補完する農産物を探していた横本氏は、母校で自らも所属した果樹研究室の先輩が経済栽培を始めたブルーベリーに目をつけた。ブルーベリーはツツジ科に属し、成木の樹高は1〜2.5m程度と低木性の落葉樹である。砂質に富んだ酸性土壌に適しており、国内では理想的な土壌が少ないことから、苗木の植え付け時にはピートモス[2]を用いた土壌改良を必要とする。しかし、苗木が根付いてからは夏場の収穫期を除くと粗放栽培が可能となる。秋から冬にかけて収穫期を迎えるカンキツ類とは作業の繁忙期が異なり補完農産物として適していた。

横本氏はさっそく小平市の卒業生から苗木を300本ほど入手し栽培を開始した。島全体でブルーベリーの産地化を図るために周辺の農家にも声をかけたが、その反応は冷ややかなものだった。そのため、農家以外で横本氏に賛同してくれた教員や役場の職員など9名の仲間と、翌1976年に神峯園の前身となる「大崎ブルーベリー研究会」を発足し、新たに1,000本の苗木を導入して栽培面積15aでスタートした。

同じ頃横本氏は、島内の教員仲間であった女性と結婚している。結婚後、横本氏はブルーベリーの栽培と販売活動を中心に、妻はジャム加工部門のリーダーとして、二人三脚でブルーベリー事業を運営してきた。

ブルーベリーは、カナダやアメリカ北部のような冷涼な気候の地域が原産

地である。1970年代当時、日本全体でも経済栽培面積が1ha程度しかなく、わが国における栽培技術はまだ確立していなかった。横本氏は比較的温暖に適したラビットアイ品種を導入したが、夏場雨の少ない瀬戸内海気候のために苗木の3分の1近くが枯死してしまった。横本氏はブルーベリーの栽培テキストをアメリカから取り寄せ、英和辞書を片手に失敗を重ねながらも、水管理や土壌改良などの栽培技術を確立していった。

これについて横本氏は、「栽培技術の習得以上に販路の開拓の方が大変だった」と導入期を振り返る。栽培開始から3年後の1979年に、果実が初収穫できたので地元農協に持って行ったところ、ブルーベリーの存在を知らず「売る自信がない」と市場へ出荷してもらえなかった。農協以外には中央卸売市場に出荷するあてがなかったことから、急きょ仲間3人で収穫したブルーベリーを軽トラックに積んで、広島市内の主要な果物店や洋菓子店、レストランへ飛び込み営業を行った。果物店などはブルーベリーの存在は知っていたが、実物を見るのは初めてで「これがブルーベリーですか」と関心を示してもらえても、購入されるまでには至らなかった。

第3節　神峯園の設立

1. 販路の開拓から法人化へ

広島市内で飛び込み営業したすべての店舗で断られたので、ダメでもともとと広島市に本社があり高級パンの製造・販売で全国に展開するアンデルセンの本店を訪問した。アンデルセンでは偶然ブルーベリーの生果実の販売を企画中であり、担当バイヤーがブルーベリーを調達するために長野県に出張しているとのこと。担当バイヤーが出張から帰るとすぐに連絡があり、「広島県内でブルーベリーを栽培しているとは知らなかった」とすぐに話がまとまり80kgを出荷することとなった。アンデルセンでの販売はヒットし翌年には出荷量も300kgに増加した。

アンデルセンからの受注はあったものの、炎天下での飛び込み営業で軽ト

ラックに積まれたブルーベリーの傷みは早い。そこで、ブルーベリーとグラニュー糖だけで無添加のジャムに加工して地元の産業祭に出品したところ大好評で、用意した200本が完売した。これをきっかけに横本氏は無添加ジャムへの加工に確信を得て、1981年からは正式にジャム加工を開始し、島内小売店での販売やアンデルセンへ出荷していった。

なお、わが国におけるブルーベリーのジャム市場への導入時期としては、国内最大手のジャムメーカーが1980年から輸入ブルーベリーを原材料としたブルーベリージャムを商品化し販売を開始していた。

研究会発足から10年後の1986年には、生産者は18名となり栽培面積は1.2haで、生産量は5tにまで増加した。当時は島から本土への冷蔵輸送システムが普及していなかったことから、収穫したブルーベリーの9割はジャムに加工していた。ジャム生産量の増大から新たな生産設備の投資に伴う資金調達が必要となり、法人化で対応することとした。法人格として株式会社も考えられたが、当時は最低資本金制度によって、株式会社は1,000万円以上の資本金が必要であり、資本金の出資額に制限のない農事組合法人を選択した。法人名は島のシンボルでもある「神峯山(かんのみね)」から取って神峯園とした。

神峯園は、組合員および協力農家が栽培したブルーベリーを買取り、ジャムなどへの加工および生果・ジャムなどの販売事業を実施する法人であると定款で位置づけた。

2. 生産過剰による在庫調整

ブルーベリーは樹の成長に伴って7年から8年目で急激に生産量が増加する。前年まで5tの生産量だったものが、1988年には一気に8tとなった。ジャムの販売量は口コミを中心にゆるやかに増加していたが、この年2万本製造したジャムのうち1万本が在庫となってしまい、在庫は下記のとおり組合員に無料配布する形で処分したことから、1,400万円の売上高に対して400万円の赤字を計上した。

神峯園は経営改善策として、これまで農家が出荷するブルーベリーは全量買い取っていたものを翌年から買取総量を8tに規制した。また、新商品として

液状でヨーグルトなどにかけるソースや100%ジュースを開発したが、1989年決算でも100万円の赤字を計上した。売れ残った1万本の在庫は組合員に無料で配布し、組合員の知人にサンプルとして配ることで新たな顧客作りを行うよう依頼した。1990年から2年間は、6tのブルーベリーを長野県の安曇野ワインにブルーベリーワインを委託醸造してもらうこととし、在庫調整は4年間で完了することができた。

これらの生産調整のために実施した対応策の中には、その後の神峯園の成長を手助けしたものも多い。組合員に配布したサンプルは、組合員から地縁血縁に対して広く配られたことで、シンプルな味のよさを実感した新たな個人顧客を大幅に増加させた。また、苦肉の策で開発したヨーグルト用のソースが現在ではジャム以上のヒット商品となっており、アンデルセンなどの大口顧客ではソースの取引割合が9割を占めている。

3. 日本ブルーベリー協会の設立

同じ頃、ブルーベリーの生産過剰は全国的な問題となっていた。1992年に全国の栽培面積は184ha、生産量490tと増加していたが、栽培の失敗や果実の販路開拓がうまくいかないことから、この年をピークに栽培面積・生産量ともに落ち込み始めた。

これに危機感を持ったブルーベリー生産者が中心となって、ブルーベリーの研究者や行政機関も交えて1994年に日本ブルーベリー協会を設立した。神峯園も法人会員であるこの協会では、ブルーベリー産業の発展のために毎年シンポジウムを開催し、ブルーベリーの機能性研究や生産者間の情報交換などを行っている。1996年のシンポジウムで、ブルーベリーの機能性として「眼に良い」、「抗酸化力の強い」アントシアニン色素が多く含まれていることが報告され、ブルーベリーの人気が急速に高まった。同協会によると、ブルーベリーブームによって2007年には全国の栽培面積が853haにまで増加しており、設立15周年となる2009年には1,000haを超えるであろうと予測している。

神峯園も1994年から出荷規制を解いて10t余りを受け入れた。その後も順調に増加し、現在の生産量は20tとなっている。

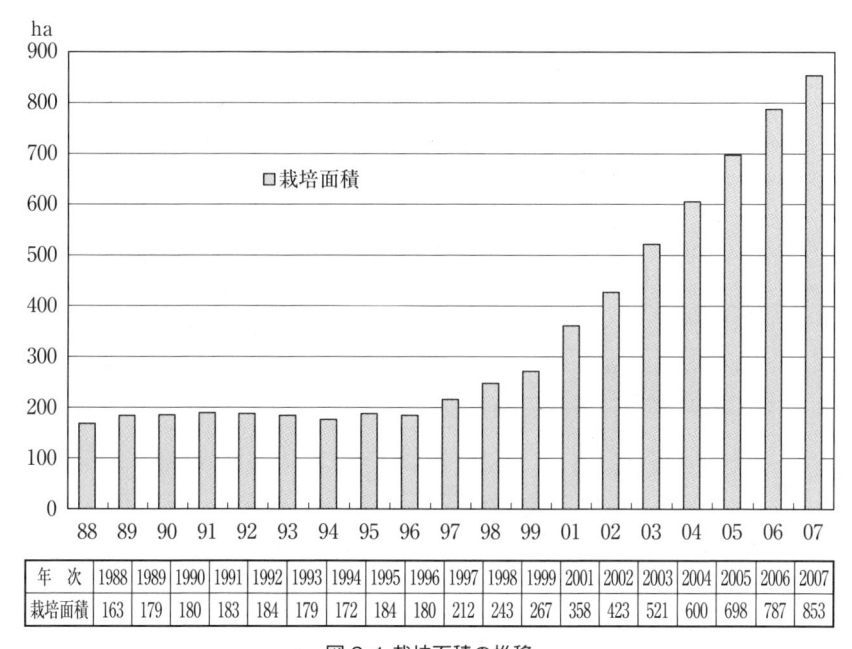

第3章 農事組合法人 神峯園—ブルーベリーで島おこし— 45

年次	1988	1989	1990	1991	1992	1993	1994	1995	1996	1997	1998	1999	2001	2002	2003	2004	2005	2006	2007
栽培面積	163	179	180	183	184	179	172	184	180	212	243	267	358	423	521	600	698	787	853

図3-1 栽培面積の推移
出所：農林水産省「特定果樹生産動態等調査」
※同調査データでは2000年データは存在しない。

第4節　ブルーベリーの島へ

1. 調達先および販売先との win-win な関係づくり

　前述したように、神峯園は大崎上島産にこだわって、島内の契約農家から調達したブルーベリーを中心とした農産物加工品の製造と販売業務を行っている。その経営は安定しており、10年以上にわたって組合員に5%配当を続けている。本節では、毎年5%の配当を続ける神峯園の経営の特徴について概説する。

　最初に、ブルーベリーの調達先である契約農家や、販売先の大口・個人顧客との win-win[3] な関係について説明してみたい。神峯園の商取引は図3-2のとおりであり、ブルーベリーの調達先である契約農家とも、販売先となる顧客と

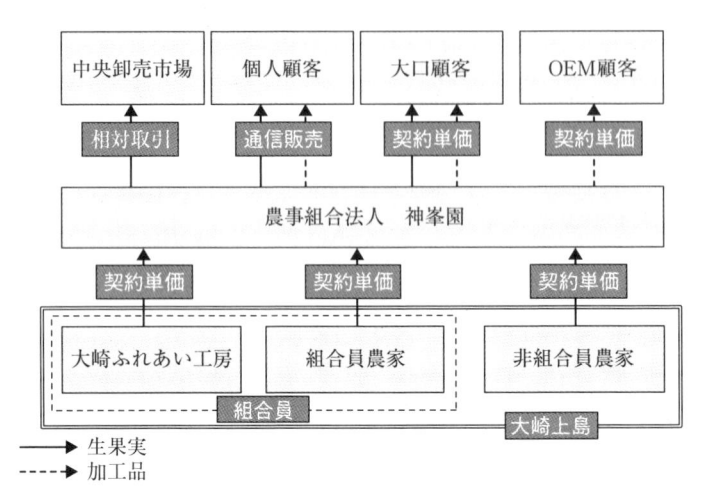

図3-2 神峯園の商取引

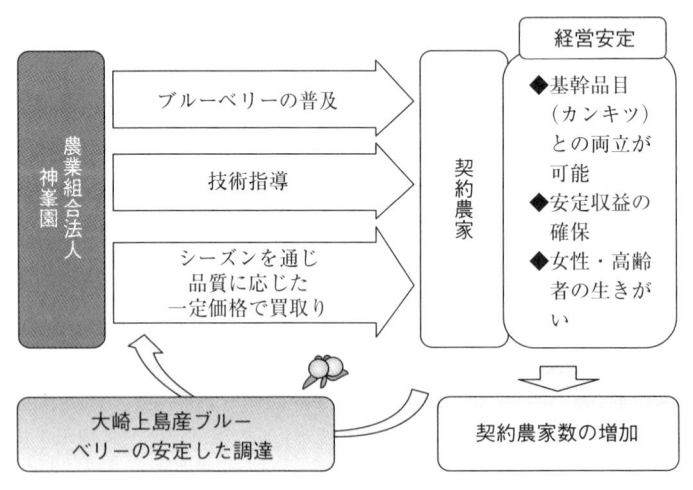

図3-3 契約農家との関係

も、取引をすることでお互いに利益が生じる仕組みを構築している。

(1) 契約農家との関係

　ブルーベリーは、収穫期以外は粗放栽培が可能でありカンキツ類の繁忙期と重ならないことから、契約農家の多くはカンキツ類をメインに栽培し、ブルーベリーは副業的な形で栽培している。生産過剰となった時期以降の経営は順調に成長しているが、仮に神峯園の経営が悪化しても副業的な関わりであることから、契約農家には大きな影響を与えないですむ。

　契約農家から出荷されるブルーベリーは、生果実用として「A」「B」「C」ランク、「加工用」の4ランクに選別し、ランクごとに設定された単価に応じて買取価格を契約農家に支払っている。単価はシーズンを通じて一定価格であることから、契約農家にとってみれば品質に応じて安定した収益を得ることができ、独自に市場出荷するよりも神峯園へ出荷することが経営的にも有利となる。神峯園としても、大崎上島産のブルーベリーを安定して調達することが可能な仕組みとなっている。

　また、多忙な収穫期にだけ臨時雇用をすれば、果実は軽量で樹高も低いことから女性や高齢者でも果実の収穫や栽培管理が可能で、女性や高齢者にとっては、貴重な収入源であり生き甲斐でもある。毎年4月末に5％配当を報告する組合総会が島内の温泉旅館で開催され、高齢者はこの総会を心待ちにしている。

　毎年1月末には枝の選定講習会を、6月末には果実の選別講習会を開催しており、技術面での指導も定期的に行うことで、契約農家の生産性向上を支援している。このようなことから契約農家数は年々増加して現在105軒となり、生産量も増加している。

(2) 販売先との関係

　販売先の割合は業務用の大口顧客が8割で、中央卸売市場および個人顧客が2割である。業務用については、先述したアンデルセンなどの安定供給先としての大口顧客も複数あるが、リスク分散のために1社に取引量が偏らないようにしている。また、首都圏の高級スーパーでは、そのスーパーのプライベー

```
                                          大口顧客
                                         (OEM含む)
   農  安心・安全・一定品質・安定供給    ◆大崎上島ブランド
   業 ←――――――――――――――――     ◆消費者の支持
   組     シーズン前に価格と購入量を決定
   合
   法
   人                                     中央卸売市場
   神
   峯     安心・安全・一定品質・安定供給    ◆大崎上島ブランド
   園 ←――――――――――――――――     ◆高値で取引
          シーズン前に相対価格を決定

                                           個人顧客
     経営の   観光農園事業・通信販売・予約販売   ◆大崎上島ブランド
     安定化 ←――――――――――――――――  ◆高い信頼と満足
           製造後すぐに発送、早い代金回収
```

図3-4 販売先との関係

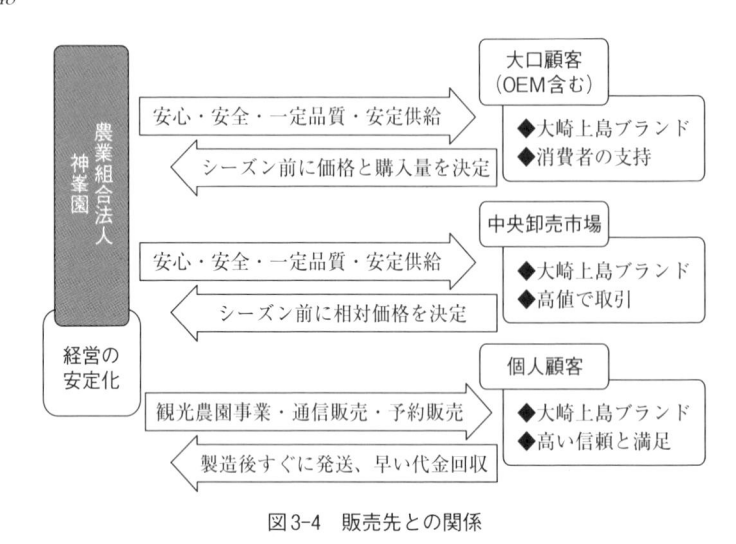

トブランドとして販売しているブルーベリージャムのOEM生産を行い納入している。これら大口顧客とは、シーズン始めにその年の取引価格を設定した上で取引されることから、神峯園の売上高の予測が可能となる。大口顧客側からすると、大崎上島ブランドのジャムに代表される商品は、通常商品より高値で販売しても消費者から高い支持を得て完売する人気商品である。

中央卸売市場には、5月のハウス栽培から6月以降8月までの露地栽培の生果実を出荷している。市場においてもセリ取引でなく月ごとの相対取引としていることから売上高も安定している。市場側としても、高値で相対取引が成立する商品となっている。大口顧客や市場にとっては、神峯園から一定の品質を持った商品が安定的に供給されることが最も重要なことである。

個人顧客については、新規顧客の開拓と島の活性化のために、旅行会社とタイアップした観光農園事業やジャムづくりツアーを実施し、好評を得ている。また、固定客向けにブログや定期的な通信を配信したり、ホームページを活用した通信販売にも着手している。ジャムよりも煮詰める時間を短くすることで液状にしたヨーグルト用のソースは人気が高い。1Lビン詰めの商品は予約のみでの販売としているが、毎年すぐに完売するほどの人気商品となっている。神峯園としては、ソースの完成後ただちに配送するので貯蔵コストもかから

ず、配送後すぐに顧客から代金が銀行口座へ振り込まれるので代金の回収も早いことから、組合の資金繰りに大いに役立っている。顧客は、予約してまで購入するジャムやソースに、高い信頼と満足を感じている。

　2．安心・安全な商品の供給

　神峯園が販売するブルーベリーを中心としたイチゴ、レモン、キウイ、ユズ、ハッサク、いちじくなどのジャム関連商品は、次の4点の特徴を持つ。
① 大崎上島産果実の使用：すべての商品は原材料である果実を大崎上島産にこだわることで大崎上島ブランドの構築を図っている。
② 無農薬・減農薬栽培：ブルーベリーは無農薬で栽培しており、JAS認定を取得している契約農家もある。他の果実についても、農薬使用量を減らしており、輸入果実で問題とされるポストハーベストはまったく行っていない。
③ 無添加：生果実とグラニュー糖だけで生産している。ナショナルブランドの定番品のジャムは、果汁を水で薄めてペクチンで固めクエン酸を添加し製造されたものも少なくない。
④ 生果実加工：果実本来の風味を損なわないために冷凍品は用いない。そのため、ブルーベリーは収穫期間中の夏の炎天下で製造されている。

　ジャムの糖度は65%以上が主流であるが、神峯園では大人向けの味とするために約42%に糖度を抑えている。糖度を抑えると消味期限が短くなるが、神峯園は味へのこだわりを優先した。これらが評価されて、ブルーベリージャムが首都圏の高級スーパーのプライベートブランド商品として販売されているのである。

　生食用として出荷するブルーベリーは、収穫時に小枝や髪の毛などの異物が混じることがあるので、特注した洗浄機で洗い、異物や未成熟果実を完全に取り除いたものをパック詰めして出荷している。

　3．地域との密着・協力

　横本氏は、当初からブルーベリーによって島の活性化を図ろうと計画していた。ブルーベリー事業を続ける中で地域から推されて、1983年から10年間町

議会議員を務めた。町議会議員時代には心身障害者共同作業所「大崎ふれあい農園（現：大崎ふれあい工房）」を開所した。自ら園長となって、島外の作業所へ通勤することが困難だった入所者へ、ブルーベリーの苗木の生産やジャムなどの加工作業を提供することで生き甲斐と生計の糧となる場が生まれた。また、職員の採用によって島内に新たな雇用も創出した。現在50名の入所者と19名の職員で運営されている。大崎ふれあい工房は神峯園の組合員でもあり、神峯園にもブルーベリーを出荷しながら、オリジナルブランドでも苗木やジャムなどを販売している。

図3-5　神峯園のジャム商品

　1993年から3年間は地元農協の組合長に就任し、赤字だった経営を黒字化し他農協との合併を成功させた。1995年には神峯園主催で日本ブルーベリー協会の第2回全国シンポジウムを開催し、大崎上島を「ブルーベリーの島」として全国に広めることができた。農協も運営をサポートし、大会には全国から250余名の来島者があり、島の経済活性化にも寄与することとなった。

　最近では、神峯園のホームページを観て、サラリーマン生活をやめて農業がしたいと都会からIターン希望者が島にやってくることも少なくない。横本氏は、そんな人たちに住居や農地の世話を進んで行い、新たな島民を増やし農地の荒廃を防ぐ活動も行っている。

　大崎上島は高度経済成長期までは造船業で栄えた島で、明治時代から広島商船高専もあり、島外との交流が盛んな島である。瀬戸内海の他の島と比較しても、島外からの移住者に対する閉鎖性は高くないと考えられる。Iターン者達は、横本氏の技術指導を受けながらカンキツ類やブルーベリーを栽培する農家となって神峯園にブルーベリーを出荷し、島での第2の人生を謳歌している。

4. 国産ブルーベリーの普及

現在、国内で流通しているブルーベリーの生果実および加工品のうち、輸入品は約1万3,000tで国内産は約1,400tでしかない。横本氏は、国内産の生産量を増加させることでブルーベリー本来のおいしさを消費者に知ってもらい、今以上にブルーベリー市場の拡大を図ろうとしている。

生食用果実は輸入品も販売されているが、日持ちが短いブルーベリーを完熟状態で販売すれば国内産の方が圧倒的に味はよく、ポストハーベストの面からも安全である。加工品よりも生食用果実の利益率が高いことも、生食用果実としての市場拡大に努めることが、ブルーベリー農家の経営安定化にも繋がっていくのである。

先述したように、ブルーベリーに含まれるアントシアニンの機能性によって人気が復活したことや、女性や高齢者でも栽培しやすいことから、地域活性化のための地域資源としてブルーベリーが注目されている。そのため、全国各地からの視察が年間7～8件ほど神峯園に訪れており、横本氏がすべて対応している。

また、広島県内のみならず全国各地から現地に出向いての技術や経営の指導を仰がれている。横本氏はこれらの要望に対しても積極的に出向いて、ブルーベリーを導入後33年間で培った栽培技術や販路の開拓などについて、自分の技術を惜しげもなく開示している。

第5節　今後の方向性と課題

1.「ブルーベリーの島」の認知度を高める

横本氏は、大崎上島が「ブルーベリーの島」として広く認知されることで、地域ブランドとしての「大崎上島ブルーベリー」のブランド力が強化され、それによって島の経済にも好影響を与えていくと考えている。神峯園が出荷し

ているアンデルセンや首都圏の高級スーパーなどでは、大崎上島産のブルーベリーを原材料として使用していることを商品に大きく記載することで差別化を図っている。また、県や町の観光案内には「ブルーベリーの島」として表示され広く宣伝されている。

横本氏は、ブルーベリーの樹のオーナー制度や、ブルーベリー以外のコンテンツの開発など神峯園の観光農園機能をさらに充実させることで、都市で生活する住民が大崎上島へ今以上にやって来て、ブルーベリーを含めた大崎上島の魅力を知ってもらいファンを増やしていこうと検討している。

2. 新たな市場の開拓

先述したように生食用果実は加工品と比べて利益率が高い。横本氏は生食用果実の割合を増やしていきたいが、個人顧客からの予約数量と大口顧客が要求する数量で、すでに現在の総出荷量を超えている状況にある。昨年産から総出荷量が20tを越えたので、生食用果実の出荷割合を増やすことを計画している。

東京などの都市部では「ジャム」の中から、選りすぐりの商品をフランス語の「コンフィチュール」として高級感のある商品イメージに変えることで販売する専門店舗が増えている。ナショナルブランドのブルーベリージャムが、食品スーパーにおいて200gビンを200円前後で販売されている中で、神峯園の商品は600円で販売され完売している。横本氏は「おいしいものを適正な価格で買いたい」と考える消費者の開拓を図ろうと考えている。手始めとして広島市内のフランス料理店などをアンテナショップとして「コンフィチュール」を展開し、マスコミとの共同歩調で消費者の動向調査を行うことを検討している。

3. 事業承継と企業的経営

横本氏は70歳で事業からの引退を考えている。2009年には、東京で働いていた長男が帰島し、神峯園に就職した。長男に事業承継するまでには、今以上に事業規模は拡大すると予想されることから、農事組合法人から株式会社に法人格を変更することで、法人としての信用力を上げ企業的経営の実現を計画している。

また、神峯園に原材料を供給する契約農家の中には、高齢化が進み後継者がいない農家も出始め、生産能力の減少によってブルーベリーの管理が困難な農地も出現している。一方で大崎上島の農業人口も減少傾向にあり新たな契約農家の開拓も容易ではないことから、今後の生産量の大幅な拡大は難しい状況にある。

横本氏は、神峯園が従業員を常時雇用することで、ブルーベリーの栽培事業への参入を検討している。

◆設問
1. 神峯園のビジネスモデルで優れたところはどこですか。
2. 神峯園は価格の乱高下が激しい農産物市場の中でどのように安定経営を図っていますか。
3. 今後の神峯園の進むべき方向性を考えてください。

注
1) 水谷［2003］によると、2000年の消費者物価指数を100としたときに、1965年産のうんしゅうみかんの補正卸売価格は350円／kgとなり、1975年産では161円／kgであった。
2) ミズゴケなどが寒冷地の湿地で堆積し腐食化した土で、通気性および保水性が高い酸性土である。
3) 「自分も勝って、相手にも勝たせる」という意味で、取引上、双方に利益（メリット）がある状態や関係のことをいう。

参考文献
・財団法人都市農山漁村交流活性化機構「知ってほしい私の農業　聞かせてほしいあなたの農業」、『びれっじ』、2006年夏号
・社団法人家の光協会「青い宝石の島」、『家の光』、2002年
・日本ブルーベリー協会『ブルーベリーニュース』No.48、2009年10月
・日本ブルーベリー協会編『ブルーベリー全書』創森社、2005年
・農林水産省『特定果樹生産動態等調査』発行年
・水谷房雄「近年の温州ミカンの生産量、購入量、卸売価格の推移からみた適正生産量の推定」、『愛媛大学農学部農場報告』2003年

第4章 フットマーク株式会社
―"縫製技術"を活かした新製品の開発と市場の創造―

長積 仁

第1節 はじめに

　企業は、市場経済の中で自らの位置づけや形を能動的に変えながら、環境という波に呑まれないように創意工夫しなければならない。経済環境の変動のみならず、技術革新によって既存製品の位置づけや展望がドラスティックに変わるということは、物づくりを進める企業にとっていわば宿命ともいえる。

　本章では、「ゴム引き」という綿生地にゴムを重ね合わせて防水加工を施す技術を活かし、ベビーブームを背景におむつカバーの製造業を営んでいた「株式会社磯部商店（フットマークの前身）」が経営環境に適応するだけでなく、縫製技術を核にした水に関連する事業展開、さらには、「介護」という言葉の生みの親でもあるフットマーク株式会社（以下、フットマーク）の現社長が取り組んできた経営戦略と組織の構造化について紹介する。

■フットマークの会社概要
　□創業：1946年4月28日（設立：1950年4月28日）
　□資本金：8,500万円
　□売上高：33億9,823万円（2009年8月）

□経常利益：1億7,003万円（2009年8月）
□代表者：代表取締役社長　磯部成文
□所在地：〒130-0021 東京都墨田区緑2-7-12
□従業員数：70名（正社員50名、契約社員・アルバイト社員20名）
□業種：製造・販売業
□事業内容：介護用品・スイミング関連用品・健康スポーツインナーの企画・製造・販売
□経営理念：お客様が第一

第2節　経営者の意図とその礎

1. 会社設立の経緯

　日本屈指の繊維産業の町と呼ばれる東京都墨田区には、古くからものづくりの仕事に携わる問屋や工場が数多く立ち並ぶ。その多くは、中小零細企業ではあるが、それらの企業の中には、特定分野でトップシェアを誇る企業がいくつか存在する。その1つがフットマークだ。

　戦後間もない1946年に磯部社長の父親がゴム布製品製造・卸売業として創業し、赤ちゃんのおむつカバーや草履袋、リュックサックなどの学童用品を製造し、1950年にフットマークの前身に当たる株式会社磯部商店が設立された。父親であり、創業者の故磯部徳三氏は、戦前に勤めていた問屋で「ゴム引き」という綿生地にゴムを重ね合わせて防水加工を施した袋を製造していたが、その経験を活かして「廃れない商売」として、当時のベビーブームを当て込み、赤ちゃんにとって欠くことのできない「おむつカバー」の製造を思いついたという。

　その父親を高校1年生の時に亡くし、家業を継ぐ母親の背中を見ながら育った磯部社長は、大学卒業後、「商いのイロハ」を覚えるために、商売の中心地である大阪の船場に赴いた。南久宝寺で見つけた衣料・繊維関係の問屋3軒の内、「一番こき使われそうなところ」と思った活気のある北原商店に飛び込み、

社長に直談判して住み込み店員の了解を得て、磯部社長の修行がスタートした。御礼奉公を含め、3年間の修行を積んだ中でさまざまな商売の技術を身につけたということであったが、中でも北原商店の社長に言われた「世の中の流れに逆らうことをしたらアカン！」という言葉が一番心にしみたという。つまり、流行やライフスタイルを察知し、それを商いに取り込むことの重要性を学んだ磯部社長は、その教えを「すぐやる！」という経営方針に反映したり、瞬時の判断が求められる企業経営において、経営者はその見極めを誤らないという教訓にも活かしたりしているということであった。

　修行を終えて帰京し、1967年に磯部商店に入社した時、そのような修行で培った教えをすぐに活かす場面が訪れた。当時は、すべて布おむつであったため、夏季になれば、暑さでお尻が蒸れるため、防水性のおむつカバーの需要は一気に下がる。そのため、夏季の需要低下をカバーする対策を講じることが磯部商店にとって急務であった。また同時期に、欧米から紙おむつが導入され、需要を脅かす存在となりつつあったが、「高価格」と「使い捨て」という価値が日本人の文化になじまないと思われ、全国に130社ほどあったおむつカバー専業メーカーは、ほとんど危機感を持っていなかったという。ただ、戦後のベビーブームが峠を越していたことを勘案し、磯部社長は、北原商店の社長から学んだ「世の中の流れに逆らうことをしたらアカン！」という教訓を活かし、おむつカバーに代わる新商品の開発を経営上の重要課題と捉えたという。実際、そのような時代の流れを商いに取り込むことができなかった専業メーカーは、その後、苦境に立たされ、そのほとんどが姿を消すこととなった。

2. 縫製技術の転用

　おむつカバーの製造過程では、綿生地と防水加工を施す塩化ビニールを裏地に使うという、いわば素材の違う二枚を重ねて縫う特殊な技術が必要である。磯部社長は、伸縮性のある生地の縫製技術を活かし、夏季にゴムが必要となる製品はないかと考え、苦悩の中、おむつカバーを実際にかぶり、ひらめいたのが素材も形状も似ている「水泳帽子」であった。ただ、当時は水泳用の帽子という存在そのものがなく、すべてが手探りの状態であったという。おむつ

カバーの製造には、防水性の高い塩化ビニルと乾きが早いナイロンが使われていたが、この2つの異なる素材を縫製し、洗いやすさと乾きやすさの2つの利点を追求し、水泳帽子を製品化したことが顧客の心をつかむための素地をつくったといえる。

　水泳帽子の製品化には、時代の流れも味方することになった。1960年代後半に、文部科学省（旧文部省）が学習指導要領の中に水泳を組み込んだため、全国小中学校にはプールが設置され始め、水泳は学校体育の正課授業として採用されるようになった。当時は水泳帽子がなかったため、磯部社長は、プールの衛生上、また排水溝に髪の毛が詰まるという管理上の課題を認識していたことから水泳帽子に対する潜在ニーズの高さを感じ取ったという。そのニーズを顕在化させるために、磯部社長は大阪で学んだ商人としての行動力と営業力を発揮させるべく、国内の特急が止まる駅にはすべて降り立ったというほど、サンプルを持参し、水泳帽子を取り扱ってくれそうな帽子店、文具店、洋品店、学生服店、運動具店に飛び込み営業をしたり、問屋にも足を運んだりして、商品の可能性と必要性を説明して回ったという。ただ、磯部社長によれば、「商品を抱えていってもほとんど売れなかった」らしい。それは、1970年代における衣料関連業界は、「メーカー→卸売業者（問屋）→小売業者→ユーザー」という流通経路に基づいた商習慣に従い、取引されるため、卸機能を果たす問屋がビジネス上の情報を握り、市場を掌握していたからである。しかしながら、その要となる問屋は、学習指導要領で水泳が学校の授業として採用されることや、水泳の授業において水泳帽子が果たす機能や必要性をまったく認識していなかったため、開発された水泳帽子の商品価値が理解できなかったという。

　現在では、インターネットを通じて、多様な流通手段を用い、「メーカー→ユーザー」という構図が生み出され、それが一般的となったが、従来の商習慣では、「メーカー→ユーザー」、つまり、直接学校に水泳帽子を売りたくても売れない時代であった。ただ、このような現状を打破するため、磯部社長は、「ダイレクトメール」という言葉も手法もなかった時代に、水泳帽子の必要性と効果を記した1枚の商品カタログを製作し、小中学校に直接送付したという。そのカタログには、6色用意された水泳帽子を学年別に色分けするこ

とや、技術の習熟度によって色分けすれば、水泳の指導上にも便利であるなどといったプログラム上の提案を記し、商品の利用価値などの説明を加えたという。このような従来の商習慣を無視した営業方法に、流通業者から反発や苦情が数多く寄せられたようだが、この商品カタログの送付をきっかけに、全国の学校において徐々に水泳帽子の存在が広まり、「学童用水泳帽」という新市場が創造された。その後、1972年には機能性を高め、コストを下げたゴム製の水泳帽子を商品化し、財団法人日本水泳連盟推薦の水泳帽子となり、またミュンヘン五輪の日本代表水泳チームの帽子にも採用され、国内シェア50％以上を誇るNo.1企業へと成長したのである。

3. 製造機能から企画販売機能への移行

フットマークでは、自社では生産設備を持たずに、独自に企画・設計した製品を他者に委託して生産するファブレス（fabless）という生産体制を早期に確立している。生産規模や事業規模が拡大するにつれ、1970年には本社が手狭になったため、敷地内にあった工場を閉鎖して、事務所や裁断場、また社員の宿舎を備えた建物を新しく建設したという。つまり、製造機能を減らして、企画販売機能に会社の主力事業を移行し、本社には裁断場だけを残して、ミシンを使った縫合は、本社で行わずに、加工所に外注するということになった。そこで外注先を探していたところ、フットマークと同業のおむつカバーの縫製に手掛けていた奈良県橿原市の会社と出会い、以後、この会社は40年にわたってフットマークの主力工場として製造機能の役割を果たしている。当時は、戦後の集団就職で東京に女工として働いていた従業員が減り始めた時期でもあり、また東京での人件費が高騰し始め、工場を地方に移転しなければならなくなった時期でもあったという。

フットマークが製品に求める縫製技術の転移については、先にも述べたように外注加工所が同業者であったということもあり、問題は生じなかったということである。ただ、新しい素材に対する縫製技術や機能性の高いミシンの情報は、東京に集まっていたため、フットマークの縫製・裁断の担当者と外注加工所の担当者は、互いに行き来し、情報交換を頻繁に行っていたとのことであ

る。両者の関係が40年にわたって共存共栄の関係で居続けられるのは、機能分担と双方にとっての発展の道を選択してきたからだと磯部社長はいう。つまり、フットマークは、顧客のニーズにきめ細かく対応するため、絶えず既存商品の改良や新素材を用いての商品開発に力を注ぎ、その要求に応えるように、外注加工所が裁断から縫製、さらには仕上げ作業まで責任を持って担当し、生産機能を果たすという分業体制と自社工場のような信頼関係が確立されているとのことである。また両者の共存共栄を確立するために磯部社長は、外注加工所とともに3つの経営努力を行っているという。それは、①品質を高めるための縫製を絶えず追求する、②フットマークの受注状況を工場側が早く把握できるようにコミュニケーションを図り、納期管理を徹底する、③原価の管理を徹底し、海外に負けないだけのコスト競争力を養うというものである。

第3節 "水"商売への特化

1. ハード事業の失敗

1970年代半ば頃から後半にかけて、全国各地にスイミングスクールが普及し始め、学校以外に新たな販路が生まれた水泳帽子の売れ行きは好調であった。ただ、家業であったおむつカバーの製造・販売の経験から単品に頼る商法の恐ろしさを知るだけに、フットマークでは、専業にしていた水泳帽子からバッグを始めとした帽子以外の水泳用品の開発にも手掛け始めていた。磯部社長が1977年に社長に就任する際には、定番ともなったメッシュの水泳帽子の他、水着、スイムグラス、タオル、ビート板といった水泳用具全般を取り扱うようになった。またより専門的な水泳指導が行われるスイミングスクールのニーズに対応すべく、シリコン素材を用いて、発色性を追求したシリコン・スイミングキャップも開発された。

このような水を相手に派生させた商品、すなわち、「水商売」を活かす場づくりの必要性を感じた磯部社長は、大型レジャー施設、サウナ、公共施設、温

泉施設を開拓し、プールの販売・施工に手掛け始めた。水泳用具のターゲットは限定的であり、販路を拡大させるためにも「プールは泳ぐ場所」という認識を変える必要があったという。その後、アクアエクササイズや水中ウォーキングの効果が徐々に理解され始め、「プールは泳ぐ場所」という認識から健康増進やリハビリを目的として、主婦や高齢者が「運動する場所」という認識が少しずつ芽生え始めた。そのようなプールを利用したい人が自宅で、手軽に、本格的なプールを楽しむことができないものかという発想に基づき、2001年に世界初の「小型流水プール」の企画・製造・販売というハード事業に乗り出した。個人客の他、介護つきマンションやデイサービスセンターから受注したものの、1,000万円を超える価格がネックとなり、ハード事業からの撤退を余儀なくされた。結果的に、このハード事業の失敗によって、「水商売」に手掛けてきたフットマークのコアプロダクトが明確になった。

2. ものづくりにおける"1/1（いちぶんのいち）の視点"

フットマークでは、トップシェアを誇りながら、大量生産・大量消費のマス・マーケティングをあえて導入していない。商品開発において鍵を握るスタンスは、「1/1の視点」である。現在でも多くの社員がユーザー一人ひとりの声を拾い集め、その要望を可能な限り製品化するという。磯部社長は、ユーザーの声に忠実に対応し、たとえ小さな需要であっても、それを商品にするという方法にこだわりを持っている。磯部商店に入社してしばらく経った頃に、近隣に住む奥様から「うちのおじいちゃんが最近、お漏らしをするようになって…。磯部さんのところで大きなおむつカバーをつくってくれませんか？」と相談を受け、大人用のおむつカバーをつくり、製品を提供したところ、その奥様が大変喜ばれる姿を磯部社長は目にしている。商品開発に当たって、一人ひとりのユーザーの声に忠実に対応したいというスタンスは、その当時の経験が反映されたものであり、「とにかく、人を喜ばせることが好き」という磯部社長の人柄が偲ばれるものといえる。この大人用おむつカバーが後述する介護用品への参入のきっかけとなっている。

「1/1の視点」が製品開発に活かされた事例は、失敗も含め、枚挙にいとま

がないとのことであるが、「水商売」への特化と、この「1/1の視点」が活かされ、フットマークを発展に導いた2つの商品が「浮きうき水着」と「アクアスーツ」である。

浮きうき水着は、1998年に発売されて以来、スイミング関連業界に大きなインパクトを与えた。「水泳とは、泳げる人のためにあるという意識にとらわれていたため、泳げない人が泳げないことを気にせずに泳げるような方法はないか、またたとえ泳げなくても水と親しむことができるような工夫をしてあげることはできないか」という発想を手がかりに、浮きうき水着の開発が進められた。この水着は、ワンピース型の水着の左右胸部と背中の生地の内側に厚さ5mmの発泡ポリエチレンの浮力シートを入れることができ、シートの挿入枚数によって浮力を調節することができるというものである。また高齢者や障がいを持った人でも着脱しやすいように、フロント部分にファスナーが付いている。浮きうき水着は、その名の通り、浮きやすい水着ではあるが、浮力シートが目立たず、おしゃれなデザインであるため、着用する人の心が「ウキウキ」するという意味もこの水着のネーミングに込められている。男性用・女性用ともに1万5,000円で販売されているが、購入者の8割以上が女性で、発売された翌年度の1999年度には、通信販売も開始されたことから、販売数は初年度の約3倍にあたる3,578枚で約2,900万円もの売上高を記録した。また販売から3年後の2001年度では4,223枚が販売され、売上高は約3,300万円にまで成長を遂げた。

アクアスーツも、「1/1の視点」とフットマークの創造力が活かされた商品である。「医者は、年配の人に健康法として水泳やプールでの歩行をすすめるが、現在の水着では、乳ガンなどの手術の傷痕が見えるため、ためらってしまう人や、中年体型になり、恥ずかしがって人前で水着を着るのが億劫で、水泳をやってみたくてもできないでいる人たちが多いのではないか」という発想のもと、浮きうき水着と同様のワンピース型で、着脱しやすいように、フロント部分にファスナーが付いている。体型が気になる年配者が、この水着を着用することによって格好良く見えるように工夫するとともに、水着と呼ばずに、「アクアスーツ」というネーミングにもこだわったという。通信販売によって

認知されるようになり、現在でも月間販売数が1,000着を超えるという。

第4節　組織全体の成長を促す仕掛け

1. "P"と"D"しか回っていなかったマネジメントサイクル

　父親が創業した磯部商店を母親から受け継ぎ、おむつカバーの製造・販売から事業創造し、「水商売」を開拓して軌道に乗せるまで、フットマーク（1982年に社名変更）の経営は、いわば磯部社長の商売に対する想いと熱意によって支えられてきたといっても過言ではない。磯部社長は、商売に対して抱いてきた「時代と変化を先取りする」「新しいことを生み出す」「創造性を発揮する」という信念に基づき、入社後、立ち止まることなく、走り続けてきたが、会社を預かる経営者として、このような商売に対する想いを何とか社員全員に感じ取ってもらいたいと考え、社内でさまざまな提案をし続けてきたという。

　社長に就任した30年ほど前に導入した「アイディアボックス」という仕組みは、「新規性」を追求する磯部社長の経営方針を社員に浸透させるだけでなく、「創造的な組織」という組織体質を生み出すために非常に機能した事例である。このアイディアボックスは、月1回、2年任期で選ばれた6名の委員が新製品の開発、仕事上で困っていること、水泳大会で行うイベント内容などといったテーマを提案し、それに対して全社員がアイディアを出し合うというものである。優れたアイディアに対しては、表彰するという制度まで設けており、このアイディアボックスからいくつもの新製品が生まれたということであった。

　また一人ひとりのお客様の声や要望に可能な限り応えるという経営方針に従い、水泳関連用品だけでも品揃えは2万種類にも及ぶ。それ以外にも事業は拡大しており、現在では表4-1に示すように、組織は取扱商品によって分けられている。主力商品である水泳事業部には、4つの部門組織が存在する。フットマークの部門別経営の基本コンセプトは、どの部門も商品の企画・製造から

第4章 フットマーク株式会社―"縫製技術"を活かした新製品の開発と市場の創造― 63

表4-1 フットマークにおける部門経営組織図および主要取扱商品
(63期:2008年8月21〜2009年8月20日)

■ 水泳事業部
□ スクール開発販売部（学校水泳用品・体育用品・学校用品）
□ ウェルネス開発販売部（一般水泳用品・プール備品・遊具）
□ スポーツ開発販売部（一般水泳用品・スポーツ用品）
□ 水泳製造部（水泳事業部の商品の製造・生産管理・パターンの作成・管理）
■ 品質・安全室（商品の品質維持・向上、製品規格管理）
■ ネットショップうきうき屋（水泳用品のネットショップ）
■ ヘルスケア部（介護用品・健康快互用品・マタニティ用品）
■ フィールアライナ部（身体教育ウェア・アライメント理論に基づく用品）
■ ukiukiアクア健康広場箱根店（箱根ユネッサン館内でのショップ経営）
■ 物流サービス部（商品の管理・発想・荷受け、品質管理）
■ 経営管理部（マネジメント会計、総務、人事）
■ 社長特命部（全社にわたる重要事項の創造・改善、企画）
■ 広報（社内外への情報発信）

出所：FOOTMARK BRAND STORY をもとに作成

　お客様からお金をいただくところまでを、それぞれの部門で完結させる仕組みとなっている。つまり、全社員が所属する部門で事業に積極的にかかわることによって、各々の部門の自主性を高めようとすることがねらいである。しかしながら、PDCAから構成されるマネジメントサイクルの内の「P（Plan：計画）」と「D（Do：実施）」には積極的に取り組んできたものの、「C（Check：評価）」と「A（Action：修正行動）」、特に事業の軌道修正に重要な評価を十分にしてこなかったという。そこで、1992年に「目標実現経営」が導入されることになった。

　2．"目標実現経営"の導入

　フットマークの経営は、「個人の自主性を尊重する」「人は誰もが無限の可能性を持っている」「目標を持つことによって実現できる」という基本的な考えに基づき、全社目標、部門目標、個人重点目標の各レベルにおいて、業績目標、創造目標、改善目標、部下育成目標、勤務姿勢目標、自己啓発目標、共同目標という7つの具体的な目標を設定している。そして社員一人ひとりがそれら7

つの目標に対して、何を、いつまでに、どの程度行うのかということが記された「重点目標設定書」を持っており、自らの行動を結果として振り返り、それを次の目標設定に反映させるという仕組みをとっている。これがフットマークで導入されている「目標実現経営」である。

　これまで、PDで途切れていたマネジメントサイクルのCAの部分を全社、部門、社員個人のそれぞれのレベルで強化し、このPDCAサイクルを部門長を中心にスパイラル状に回すことによって業務効率を改善しようとするのが、この目標実現経営のねらいだ。全社員は、自ら実行した足跡を、各部門別にまとめられた月次損益計算書で確認することができるようになっている。つまり、具体的な経営資料に基づき、この会社がどこに向かっているのか、そして誰がどれぐらい、どのような手段や方法を用いて進めばよいのかを社員個人が考えるとともに、その指導やサポートを部門長が各社員に行うという。これによって、社員一人ひとりが設定した目標に対して能動的に取り組み、振り返って明確になった課題に向けて努力するという社風が醸成されたと同時に、個人の実践力と業績の向上にもつながり、社員一人ひとりの成長が会社全体の成長にもつながるという意識も芽生えたという。この取り組みには、目標実現賞など処遇の向上を図るための報奨制度も設け、社員のやりがいを高める工夫も施されている。

　またフットマークでは、新製品の開発だけでなく、社内での疑問や不安を解消するために、部門ごとや部門を超えたメンバーによって構成される勉強会が頻繁に行われている。もともと部門ごとの縦のつながりは強いため、磯部社長は社内における情報の共有化と社員の課題解決能力を高めるために、異なる部門の社員から構成される横断型のプロジェクトチームの編成を推奨している。磯部社長は、「視点が偏らないように、縦と横、さらには斜めも含めた関係づくりが社員と組織の成長には必要」という。

　社名のフットマークは、赤ちゃんの「足の裏」に由来しており、会社のロゴマークとしても使用されている。それは、おむつカバーの製造・販売という家業を手伝う傍ら、数多くの赤ちゃんの足の裏を目にしてきた磯部社長が学生時代に商標登録したものだ。会社のロゴマークに用いた足跡は、まさしくフット

第4章 フットマーク株式会社―"縫製技術"を活かした新製品の開発と市場の創造― 65

マークの歩みそのものであり、目標実現経営は誰が社長になっても会社の経営方針やこの事業に対する想いを受け継いで、人と社会の未来の道を切り開くために、この会社の新しい足跡を残してくれるであろうという磯部社長の想いが託されている。

図4-1 フットマークのロゴマーク

またフットマークのパンフレットの1つに会社の「ブランド・ストーリー」が綴られたものがある。パンフレットの最後のページに会社の足跡が年表として記載されているのだが、ユニークなことに現在までの足跡だけでなく、創業100周年にあたる2046年までのストーリーが細かく記載されている。前述したとおり、これは、未来へと続く道を切り開くための足跡を残そうとする会社の意思表明であり、道を切り開くための足跡を残すには、会社は人を育て、成長しなければならない。フットマークの当面の目標は、年間売上50億円、経常利益3億円、1人あたり経常利益300万円が掲げられている。

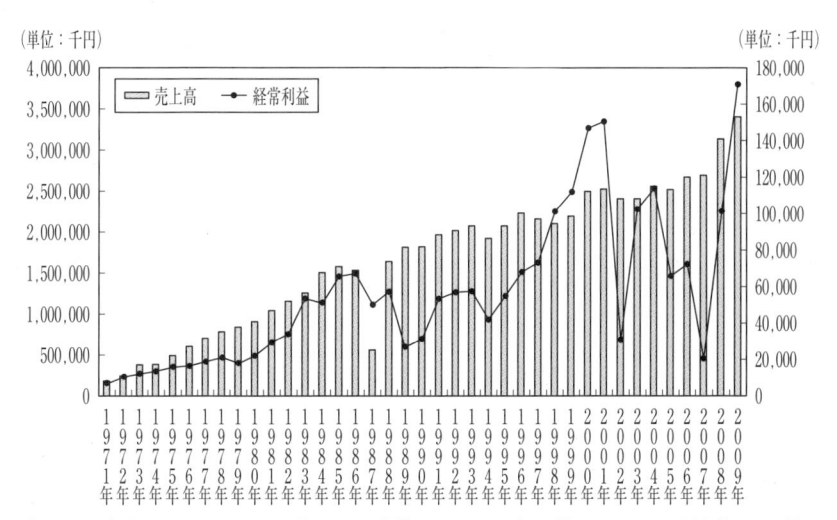

注：1986年までのデータは、5月31日が決算日で、1987年以降については、決算日が8月20日に変更になった。そのため、1987年期は、6月1日～8月20日までの2カ月と10日間の決算となっている。

図4-2 フットマークの売上高と経常利益の変遷[1]

第5節　病院の風景を変える—"介護"から"快互"へ—

1. "介助"と"看護"の造語から生まれた"介護"という言葉

　我々が日常で聞き慣れている「介護」という言葉は、磯部社長がつくったものだ。先に述べたように、近隣に住む奥さんからの要望に応え、大人用のおむつカバーをつくったことをきっかけに、1970年にこれを製品化した。「大人用おむつカバー」として販売したものの、商品名にしっくりしたイメージが抱けないまま「病人用」「医療用」とネーミングを変更し、販売し続けていたという。これらの商品名には、どうしても他人事や冷たさが残るため、ユーザーに対する作り手の気持ちや心を商品名に込められないものかと考え、そのヒントになったのが、「白衣の天使」と呼ばれる看護師の存在であったという。看護師という職には、優しさや親切さということが人一倍求められるが、このイメージをヒントにして、「介助」と「看護」、つまり「助け、護る」という意味を込め、「介護」という言葉にたどり着いたという。

　悩み抜いて生み出した「介護」というネーミングの商標登録を出願したのは、製品化の後、10年経った1980年で、1984年に商標登録されたという。2000年に介護保険法が施行され、それ以降、介護という言葉は、社会に一気に広まり始めた。当時は、保険会社などから商標使用料の問い合わせが相次いだということであったが、ライセンス料は一切取らなかったという。それは、金儲けのためではなかったというのはもちろんのこと、それ以上に、人を「介助する」「看護する」という相手を思いやり、心のこもったこの行為に対する理解が進み、介護が暗いイメージとして根づかないでほしいという想いがあったからだという。ただでさえ、我々日本人は、「人に迷惑を掛けたくない」という意識が強いにもかかわらず、病気を患ったり、不自由になったりしたときに他者から施される行為には、申し訳なさがつきまとう。この介護の言葉に込められている「介して（助けて）護る」という行為には、「困ったときはお互い様」という磯部社長の想いが託されている。

そのような想いとは裏腹に、社会全般における介護事業や介護用品は、ユーザー優位の視点ですすめられているとはいいがたい。つまり、低賃金で介護する側が一方的に供給するサービス、大量生産型のいわば生産者・供給者優位のシステムで製品される提供など、現状は、「お互い様」という精神が反映されていないどころか、ユーザーの視点さえ配慮されていないことに磯部社長は憂いを感じているという。「答えは、目の前にいるお客様の声にある」ということをこれまで肌で感じてきた磯部社長は、マス・マーケティングを嫌う。できる限りお客様の要望に応え、「大きな努力で小さな成果しか上げられなくても、『こういうものがほしかった！』といってお客様から笑顔をいただくことが我々の喜び」と磯部社長はいう。介護という言葉には、磯部社長がこれまで培ってきた視点やスタンスが反映されているのだ。

2. おしゃれで、楽しく、明るい介護生活を送るための商品開発

おむつカバーからスタートした介護用品は、現在、シーツ、パジャマ、肌着、帽子、エプロンなどに至るまで多種多様な商品が開発されている。商品ラインアップが多いのは、「1/1の視点」に基づくものであるが、長年積み重ねられてきた防水加工やナノテクを用いた超撥水加工など、技術や素材に対するこだわりを持ちつつ、ユーザーの視点に立ち、軽さや通気性、また肌触りや着心地などに配慮された商品開発がなされている。また開発された商品に共通する点は、「ネーミング」と「おしゃれ感」である。中でも2006年に開発された「うきうきエプロン」は、磯部社長のこだわりと思い入れが込められた商品である。これまでの介護用品は、画一的なものによって低コストを追求したり、汚れの落ちやすさといった介護のしやすさなどを求めたりしてきたが、それは大量生産型の供給者の視点やお世話をする側の視点からつくられてきたものであると磯部社長はいう。介護用品を身につけるユーザーの声や希望が反映されず、ユーザーの満足感は、軽視されてきたというのだ。身体が不自由になって、介護生活を余儀なくされるようになっても、美しく、楽しく生活を過ごしたいというユーザーのニーズに応えることがメーカーの使命であると磯部社長は述べる。

「うきうきエプロン」は、介護される側の視点に立って、明るい介護生活を送るために開発された商品である。「うきうき」というネーミングは、「浮きうき水着」と同様、着用する人の心がうきうきするようにという想いが込められている。実際、外見からは、エプロンということを感じさせないようなボタンダウンをあしらったYシャツタイプのものや、丸みを帯び、女性らしさを表現したブラウスタイプなど、デザインにもこだわりがある。中でもデニム素材を用いて、ステッチやバックルなどの細部にこだわったベストタイプは、エプロンというよりもおしゃれ着として着用されていると思えるほどのものである。このような「おしゃれで楽しい」という発想を商品に活かすことによって、介護のイメージを明るくしたいというのが社長の想いだ。水泳関連用品の開発によって学校の風景をフットマークが変えてきたように、今度は、介護用品や一般高齢者を対象にした機能性を備えつつも、おしゃれで楽しい商品を開発することによって、病院の風景を変えたいというのだ。それは、エプロンのみならず、パジャマやガン治療患者のための院内帽子といった商品にも想いが反映されている。

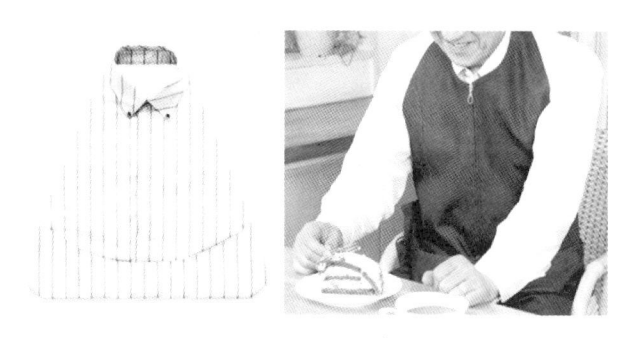

図4-3　うきうきエプロン

3. 介護に対するイメージと病院の風景を変えるための試み

磯部社長が介護用品の開発を進めている際に気がついたのは、要介護や寝たきりの対象となる最大の理由が転倒による骨折ということである。日常生活による身体の歪みは、二足歩行をする人間の宿命ともいえるが、転倒を予防する

ためには、美しい姿勢で立ち、正しい姿勢で歩くという身体教育が重要であることを磯部社長は感じたという。日常生活から生じる身体のズレや骨格の歪みを矯正するとともに、背・腰・股関節・膝をつなぐラインを正しい位置に導くために、自動車のホイールや車体構造の歪み具合を調整する「アライメント理論」を応用し、東京大学大学院の渡會准教授と共同開発を進めて商品化されたのが、「フィールアライナ」である。「歩行楽らくタイツ」や「姿勢すっきりアンダーシャツ」、また「美骨タイツ」といったユニークな商品名もさることながら、この商品に対する磯部社長の想いは、要介護の対象にならないようにすることにある。つまり、全身から健康を追求することにより、個人の自然治癒力を向上させ、人のお世話になる瞬間を少しでも遅らせようとする予防に重きが置かれているのである。磯部社長は、このような取り組みによって、人間の健康寿命を延ばすことや医療費の削減に貢献したい、つまり、社会に役立つような商品をつくる会社になりたいと考えているし、このような想いを社員全員が抱いているという。

フットマークでは、2007年に「aging fun（エイジングファン）」というブランドが立ち上げられた。「年齢を重ねる毎に楽しく、美しく、素敵に…」というコンセプトに基づき、デザイナーのクライ・ムキ氏と共同開発し、一般高齢者を対象にしたストールやレギンス、カーデガン、また視力が低下した人にも配慮した前後同パターンで、リバーシブルの室内着などを商品化した。これらは、一般高齢者と要介護者との垣根をつくらずに、快適かつ機能的で、誰もが使いやすい、それでいておしゃれで楽しいという、いわゆるユニバーサルデザインを意識して商品開発されたものである。「暗いイメージが定着しつつある介護や病院の風景を変えたい」と磯部社長はいう。高齢社会を迎えた現在、人びとが明るく、楽しく、快適な生活を過ごすための商品開発を追求したいという磯部社長が掲げるキーワードは、「健康快互」である。つまり、これからは「介護」から「互いに、いっしょに、快く」という「快互」へと発想やイメージを変える必要があるという。そのような磯部社長の想いが、「エイジングファン」というブランドに託されているのである。

第6節　組織が直面する課題

　磯部社長が掲げた課題は、「自主性」と「在庫」の2つであった。まず、自主性に関しては、目標実現経営を導入し、社員個々人の能力アップと組織力の強化に努めてきたものの、人によって構成される組織の発展に社員の成長や自主性は欠かせない条件となるため、社員一人ひとりがこれまで以上に積極的かつ主体的に行動できるように社員の教育に力を注ぎたいということであった。実際、磯部社長自身、お客様の声に応えることができているのかというが気になり、売上高に意識が傾注して、目標実現経営を導入するまでは、収支バランスや採算にかかわるさまざまな経理情報への意識は低く、後追い経営になっていたという。そのため、社員一人ひとりが、企画、製造、物流、販売といった一連のプロセスを経て、世の中に送り出された商品を見届け、売り場でお客様の声に耳を傾け、その声を拾って会社に持ち帰り、また企画から練り直すというスパイラル状の連鎖ビジネスモデルを理解し、個人の成長とともに組織も成長を遂げたいと考えているようであった。

　次に、「在庫」に関する課題であるが、磯部社長は、会社にとって非常に重要な問題ではあるものの、在庫は新しいものを生み出す企業にとっての定めでもあると述べた。新規性を始め、「1/1の視点」やお客様から寄せられるクレームや返品も含めた一人ひとりの声にできる限り応えるという経営方針を掲げるフットマークにとって、在庫は、経営のコンセプトを貫くことと表裏一体の関係といえる。在庫管理に関しては、課題会議の議題に取り上げられ、2年間の販売数、売上変遷を鑑みて、低回転商品については、製造数を見直しているという。磯部社長は、お客様一人ひとりの声に可能な限り応えるためには、多品目・少量生産は、ある程度やむを得ないと思う部分もあるものの、採算や効率を無視するわけには当然いかないと述べている。

第4章　フットマーク株式会社—"縫製技術"を活かした新製品の開発と市場の創造—

◆設問

1. フットマークの競争力の源泉は、どのような部分にあるでしょうか。
2. フットマークの経営を脅かす要因があるとすれば、どのような部分にあるでしょうか。
3. フットマークが今後展開すべき経営戦略ついて考えてみましょう。

参考文献

・船木春仁『時代がやっと追いついた：新常識をつくったビジネスの「異端者」たち』新潮社、2003年
・情報化の処方箋、16：42-43、2007年
・介護ビジョン、12：32-33、2007年
・高齢者ジャーナル、10：4-7、2007年
・丸山弘昭・中経出版編集部『「変える勇気」が会社を強くする！』中経出版、2004年

第5章 コーキマテリアル株式会社
―中核となるゴム製品の成形・加工技術と製品開発のための異業種間交流―

長積　仁

第1節　はじめに

　産業は、代替可能な同種の製品を扱う競合関係にある企業によって構成される。そのため、顧客からのニーズや欲求が高い業界ほど、企業間競争は厳しくなる。市場占有率や競合関係、また市場の成長可能性などといった業界内の構造を分析し、業界内における自らのポジションや発揮すべき競争優位性を明確にする必要があることは、どの経営者も理解していることではあるが、それを実践し、戦略に反映するということは、容易なことではない。

　本章では、一般工業用・特殊用ゴム板や加工品を取り扱う工機ゴム営業所として創業したコーキマテリアル株式会社（以下、コーキマテリアル）が、ゴム素材の加工において優れた技術力を活かし、水道事業関連分野で競争力を発揮した背景について紹介する。また単なる競争ではなく、業界内における共存や棲み分けをどのように図り、事業ドメインを確立していったのかについてもふれる。

■コーキマテリアルの会社概要
　□創業：1948年11月3日
　□資本金：1,000万円

□売上高：2億9,000万円（2009年）
□経常利益：994万円（2009年）
□代表者：代表取締役社長　犬伏博明
□所在地：〒550-0013 大阪市西区新町4丁目10番31号
□従業員数：12名
□業種：製造・卸売業
□事業内容：ゴム樹脂製品・加工品（精密パーツ）の企画開発
□経営理念：公正で活力溢れる会社、社会人たれ！

第2節　会社の変遷と特徴

1. 会社の成り立ち

　コーキマテリアルの成り立ちは、現在の社長である犬伏氏の祖父の伯父にあたる親族関係者が、1925年11月に大阪市西区江の子島に「工機ゴム洋行」として創業したことに始まる。その後、1928年に現在会社のある大阪市西区新町に移転したが、1945年3月の大阪大空襲で戦災のため、会社は消滅した。日本の敗戦経験により、工機ゴム（後のコーキマテリアル）創業者の祖父と2代目となる父は、悔しさと絶望感を胸に抱きながら、その想いを生きる力に転換し、何一つない状態から家族一丸となって、大切な家族のため、そして社会のために役立つ仕事をしようと決意し、会社を復興させたということを、犬伏社長は先代から聞かされていたという。戦後の混乱時であったため、当時は、土地区画の関係で思うように建設許可も下りず、2人の先代社長は、会社を復興させるためにさまざまな苦労をしたということであった。その時、大阪市西区新町の焼け跡に幸いにも建売の物件があったため、それを購入し、ゴム加工業を営む親戚や関係会社との強いつながりもあって、商社機能と加工業の両機能を備えた工機ゴム営業所を1948年11月3日に発足させたという。

　営業所を設立した翌年の1949年には、昭和護謨株式会社（現在の昭和ホー

ルディングス株式会社）および呉羽ゴム工業株式会社（現在のクレハエラストマー株式会社）の代理店に、また1950年にはタイガースゴム株式会社（現在のタイガースポリマー株式会社）の代理店になったということである。自動車関係のゴムパッキンの製造・加工に携わったことをきっかけに、豊田合成株式会社の自動車関係ゴム成型品の製造にも将来かかわることになる。そして、1955年8月に200万円の資本金を基にして、法人組織名を工機ゴム株式会社に変更し、工機ゴムは新たなスタートを切った。その後、事業規模は拡大し、資本金の増資を行いながら、2002年6月に現在の社名であるコーキマテリアルへと発展していった。先代から会社を引き継いだ3代目の犬伏社長は、「いただいた仕事をきっちりとこなし、お客様のニーズや要望にしっかり応えることが製品の質に対する理解を促し、そしてお客様から信頼をいただく。このような積み重ねが結果的に、新しいお客様を導いてくれる」と話す。

2. コーキマテリアルのものづくり

　コーキマテリアルは、ゴム手袋やゴム長靴、ゴム前掛けを始めとした一般産業用ゴム製品の卸や、工業用特殊ゴム板やゴムホースを中心に、前述したクレハエラストマー、昭和ホールディングス、タイガースポリマーの代理店営業に力を注いできた。また企業としての独自性を発揮するために、生活に密着し、かつなくてはならないというゴム製品を取り扱えるように、「醸造用ゴムパッキン（生活の生きがい）」「消防用継ぎ手ゴムパッキン（生活の安全）」「水道用ゴムパッキン（生活の環境）」という3つの柱に基づき、事業を展開してきたという。

　表5-1は、コーキマテリアルの取り扱い製品の概要を示したものである。6分野に分かれる製品カテゴリーの中でも、特に人びとの健康と安全な暮らしを支えるために、水道事業関連の各種鋳鉄管継ぎ手用ゴム輪、各種バルブ用ゴム製品、水道メーター用パッキンなどの製造や製品開発に力を注ぎ、社団法人日本水道協会の検査合格品として給水（飲み水）から生活排水に至るまでの継ぎ手やバルブのゴム樹脂製品を各メーカーへと供給している。また消防用規格精密ゴム製品などについても、日本消防検定協会の規格検査に合格した製品を、

表 5-1　コーキマテリアルの取り扱い製品

■規格精密パーツ
□消防器具関連製品パーツ（社団法人日本消防放水器具工業会検定）
□センサー・ロボット各種パーツ
□食品用衛生各種パーツ
■各種水密・気密・ゴム・樹脂製品
□水道関連製品パーツ（社団法人日本水道協会検査合格品）
□プラスパッキン
■高機能素材および加工
□特殊マテリアル加工
□各種特殊表面処理加工
■高度精密成型加工
□精密ゴム・各種エラストマー成形品
□特殊加工・印刷
■特殊ケミカル製品
□接着剤・洗浄剤
■高機能止水材
□土木関連製品

出所：コーキマテリアル株式会社パンフレットをもとに作成

各メーカーへと供給している。このような製品の製造と開発に携わる過程において、ゴム成形や加工に関する基礎技術が積み重なるとともに、常に新しい素材や加工技術に着目してきたことが、センサーに使われる精密かつ機能性ゴムの設計や開発につながったという。特にセンサーは、あらゆる業界で使われていることもあり、市場性が高いため、センサー・ロボット各種パーツについては、個別に素材からの提案もしているということであった。

　ゴムのもつ素材の特徴や配合、また加工方法を工夫し、ユーザーとともにそれぞれの製品開発にかかわり続けていくことが、コーキマテリアルの特徴であると犬伏社長はいう。また製品開発を進める上で、犬伏社長は、①人材（人財）②人とのつながり（信頼関係）③コア技術（蓄積してきたノウハウ）④ものづくりの原点（創造力）といった4つが重要であると述べ、これは自社だけでなく、産業界においてさまざまな用途に応じた製品づくりをするためには不可欠なポイントであると述べている。

第3節　競争優位の源泉と同業種との共存共栄

1. 参入障壁となるゴム製品の成形・加工技術と協会への加盟

　コーキマテリアルが最も強みを発揮している分野は、鋳鉄管継ぎ手用ゴム輪、バルブ用ゴム製品、水道メーター用パッキンといった水道事業である。納入実績は、東京都水道局を始め、大阪市、神戸市、京都市、奈良市、名古屋市、広島市、北九州市ほか、全国主要都市の水道局にあり、その他にも水道関連機器・メーカー各社にも部品や加工品を提供している。同様に、消防用具を扱う有力メーカーや商社に対して、消防用規格精密ゴム製品の提供をしている。つまり、コーキマテリアルの事業ドメインは、我々国民の安全や安心といった欠くことのできないライフラインにかかわる部分であり、同時に新規参入がしづらい事業分野であると犬伏社長はいう。

　コーキマテリアルが手掛ける水道関連製品パーツは、社団法人日本水道協会検査合格品であり、また消防器具関連製品パーツについては、社団法人日本消防放水器具工業会JIS検定品のパッキングである。つまり、これは、優れたゴム製品の成形・加工技術を有し、その技術を質の高い製品開発に生かしているというコーキマテリアルに対する評価であり、これがユーザーとの取引において信頼関係を築くための礎となっている。犬伏社長は、検定品となるためには、高い技術力だけでなく、その領域を統轄する協会へ加盟し、その領域で実績を積み重ねていくことが重要で、技術力と企業に対する信頼創造が生まれて初めて、協会からの推薦をいただき、検定品の製造へと至るという。

2. 同業種との共存共栄を図るための組合の存在

　コーキマテリアルが加盟する団体は、大阪商工会議所と社団法人日本消防放水器具工業会のほか、西部工業用ゴム製品卸商業組合、大阪ゴム商業会、そして大阪府立産業技術総合研究所などがある。どの業界においても厳しい競争環境下で、それぞれの企業はしのぎを削り合っているのであろうが、犬伏社長に

よれば、西部工業用ゴム製品卸商業組合の存在が工業用ゴム、樹脂製品卸売業者の共存共栄の鍵を握っているのだという。

1979年に設立された西部工業用ゴム製品卸商業組合は、近畿地方の2府4県と中国地方の山口県を除く4県の地区における165社の企業から構成されている。この組合は、業界の発展に資するために、従業員の研修や人材の育成、技術指導やノウハウの提供、またメーカーに対するプレゼンテーションの機会を設定し、企業間交流の促進や流通経路の拡大に努めているという。さらにこの組合が果たしている重要な機能として、業界内における企業間の製品開発や製造の無用なバッティングを回避するために、各々の企業の強みを考慮しながら、業界内の棲み分けや共存共栄に対するコントロール機能や調整役を果たしていると犬伏社長はいう。近畿・中国地方における同業種を営む企業で、この組合に加盟していない企業は、当然いくつか存在するが、犬伏社長は、この組合は、業界内のなれ合いとして存在するのではなく、厳しい経営環境の中で数多くの企業が淘汰されていく状況で、業界とその業界内に位置づく各企業の信頼の構築と、企業自身の存続と発展のために機能しているのだという。

第4節　事業化を促進する異業種間交流

1. 技術を製品に変えるきっかけと工夫

西部工業用ゴム製品卸商業組合以外にも、大阪ゴム商業会も業界内の情報交換や交流の機会を設定しているようであるが、犬伏社長は、努めて製品の展示会に足を運んだり、技術者や異業種の企業関係者との交流や懇談の機会に参加したりするという。現在では、技術者と交流する3つの勉強会に参加しており、時にはインフォーマルな酒の席にも交流の機会は及ぶという。

以前、異業種の技術者との交流会に参加した際に、「気づくか、気づけへんか、それで方向が変わるよ」とある技術者からいわれ、その言葉が自分自身を変えるきっかけになったという。同業者の中には、技術者、特に異業種の技

術者との交流なんかに意味がないという人が多く、仮にそのような交流をしたとしても、話だけが盛り上がり、結果的にそれが製品開発のアイディアや製品化に結びつくという人は少ないらしい。犬伏社長は、そのような場にできる限り足を運び、新製品のヒントや新しい事業展開のアイディアを拾い集めに行くとのことである。もちろん、その様な機会に参加したことがすべて成果として表れることはないらしいが、そのようなわずかな気づきや刺激を表現し、展開し、実現できるかが企業の発展と成長に大きくかかわり、それが企業にとって必要な力へと変換されていくのだという。実際、コーキマテリアルは、「企業力（＝人間力）」として、「創造力」「直感力」「展開力」「表現力」「実現力」「総合力」といった6つの力を掲げ、それが社会への貢献に通じるものであるとしている。

2. 土木事業へ転用された自動車のウエザーストリップ技術

　ゴムのように軟らかく、プラスチックのように簡単に加工のできるコーキマテリアルのTPE（熱可塑性エラストマー）と連続気泡EPDM成形品は、軽量の弾性体で、難燃性、電気の絶縁性、そして再生可能という優れた機能を持ち備えている。図5-1は、コーキマテリアルが展開している土木関連製品における高機能止水材である。これは、自動車のドアや窓まわりなど、車体と部品との隙間から侵入する風や雨などを防ぐ帯状のシール部品に使われるウエザーストリップという技術を土木事業に転用し、特に農業用水路の水漏れ対策のた

図5-1　コーキマテリアルの高機能止水材（連続発砲EPDM成型品）
出所：コーキマテリアル株式会社パンフレット

めの製品として開発されたものだという。この製品化のきっかけは、異業種の技術者との交流であり、この製品は技術者のニーズを犬伏社長が表現し、形にしたものの典型的な例である。

第5節　リラクゼーションギア"RUBRAX"の展開

1. "RUBRAX"に対する想い

　コーキマテリアルは、創業以来、人びとの安全と環境にかかわるゴム製品を扱ってきたが、このようなゴム成形や加工技術を人々の健康や豊かな生活を支えることに役立てられないかということを犬伏社長は常々考えていたという。2代目である父親は、「世の中に役立つ製品づくりを…」という言葉を口癖のようにいっていたらしく、その先代が2001年に他界し、3年経った2004年の法事の際に、実家に転がっていたRUBRAXの原型を犬伏社長が見つけた時に、製品設計のアイディアがひらめいたという。そもそもRUBRAXの原型は、犬伏家では45年も前からオールゴム製の健康器具として、家の居間には当たり前のように転がっていたものであるという。犬伏社長は、幼少時代に父母や祖父母の肩や背中を、それを使ってトントンとほぐしていたらしく、当時の思い出を目を潤ませながら語ってくれた。

　図5-2は、製品化されたRUBRAXである。RUBRAXの"RUB"はゴム製品のラバーを意味し、"RAX"はストレッチして伸ばすということを意味している。これは、当時の原型を踏襲しつつ、握り部分の反対側にツボ押し部位を盛り込み、ゴムのもつ物理的特性と低波長遠赤外線放射体との相乗効果を実現するために、犬伏社長が開発設計したものである。つまり、ゴム素材の特長を生かしつつ、1人でも2人でも簡単に、そして手が疲れることなく、力を入れずにマッサージすることができる理想的な形状に仕上げたということである。このRUBRAXの製品化に踏み切った理由は、先に述べたように人々の健康と豊かな生活を支えたいという想いが根底にあったことであるが、震災時の

図5-2　RUBRAX
出所：コーキマテリアル株式会社ホームページ

エコノミークラス症候群の予防になればという願いがあったからということである。それは、阪神淡路大震災の際に、被災者や商工会議所の職員が多忙な仕事に追われ、2〜3日は座ったままの状態が続き、筋肉の硬直やこむら返りのような症状を引き起こすという経験に見舞われたという。そのような状態を改善するため、電気を使わずに、寝ながら、また座りながらでも使え、筋肉のこりをもみほぐすとともに、血行を促進し、疲れを取り除くことができるのではないかと考えたという。

2. 製品を軌道に乗せるための戦略

　RUBRAXは、犬伏社長の強い想いによって製品化されたものの、高い技術力と科学的なデータと根拠に基づいて開発が進められている。製品には、高性能ゴムに玄武岩の一種である「健鉱石（塩基性カンラン玄武岩）」の細粉を練り込み、常温でも4〜14ミクロンの育成光線を発する遠赤外線を安定放射する素材を使用するなど、犬伏社長の強いこだわりが感じられる。RUBRAXはすでに、国際商標・意匠特許登録済みの製品であるが、犬伏社長は、この高性能の製品を人びとの手にとってもらい、健康に役立てるためには、RUBRAXを活かすソフトの開発が急務であるとも感じていた。

　製品開発後、大手百貨店の「売れ筋商品発掘市」で出店したり、また生活雑貨の販売とともに消費者に対して新しいライフスタイルを提案するホームセン

ター型の都市型店舗の「肩こりコーナー」で商品の紹介をしたりしたものの、あまり手応えはなかったという。そこで、製品を開発した翌年に運動療法を中心とした治療と科学的トレーニングを組み合わせた整形外科クリニックの「ダイナミックスポーツ医科学研究所」にソフト開発の相談を持ちかけたという。その後、製品に対する理解と評価を得て、この研究所の監修のもとに肩こりや膝痛、また腰痛に悩む人たちやそのような障害予防を啓発するために、2006年4月にRUBRAX体操を開発し、その2か月後に、RUBRAXを使った運動・ストレッチ・マッサージの仕方を紹介するDVDを作成するに至ったということである。

　その後、犬伏社長自らがイベントなどに出展し、一人ひとりのお客様に手にとってもらい、商品説明を繰り返しながら、商品価値を実感していただくという地道な実演販売を積み重ねた結果、4年間で累計1万本の販売数に至ったという。その間、新聞や女性に人気のフリーペーパー、また自衛隊や大阪府警の専門誌で記事が掲載されたり、大阪府保険医協同組合で販売が開始されたりするなど、少しずつではあるものの、RUBRAXの商品価値が理解され始めていった。

　現在、犬伏社長は、RUBRAXの国際商標・意匠登録を活かし、「日本をほぐそう。」「癒しの国ラブラックス」というキャッチフレーズを用いて、"made in Osaka"の大阪名物として製品PRを仕掛けている。それは、国境を越え、人びとの健康で豊かな生活を支えたいという願いとともに、国際都市OSAKAを何とか活気づけたいという想いが込められているという。

◆設問
1. コーキマテリアルの競争力の源泉は、どのような部分にあるでしょうか。
2. コーキマテリアルの経営を脅かす要因があるとすれば、どのような部分にあるでしょうか。
3. RUBRAXを軌道に乗せるために、コーキマテリアルが今後展開すべき経営戦略ついて考えてみましょう。

第6章 コアテック株式会社
―中国子会社の経営―

須増哲也・松田周司

第1節 はじめに

コアテック株式会社は、1972年4月に岡山市で設立され、当時岡山県では珍しかった研究開発型企業として初期の20年間を過し、1992年10月に本社を総社市へ新設移転した。

■コアテック株式会社の会社概要
　□設立：1972年4月
　□所在地：岡山県総社市赤浜500番地
　□資本金：1億6,700万円
　□代表取締役：須増仁志
　□従業員：230名（2008年4月現在）
　　➢ 技術部門36%
　　➢ 製造部門34%
　　➢ 営業部門16%
　　➢ その他14%
　□主要製品

➢ シリンダーブロックベアリングキャップ組立機
➢ シリンダーヘッドリークテスト装置
➢ トランスミッションケースリークテスター
➢ ベアリング組立機

　須増仁志社長は、中小製造業として国際化の重要性を認識しており、将来有望な中国市場での事業展開を目指し、2007年8月に中国子会社を本格稼動させた。これまでの国際化の流れ、特に中国子会社経営について以下概観する。

第2節　海外への輸出から中国子会社設立へ

　高度成長期にかけて輸出を主体とした国際化を展開していた日本の各自動車メーカーは、米国を中心とした日本車の輸入国との貿易摩擦による輸出の自主規制や、1985年のプラザ合意後の急速な円高等、主として外的な要因によって海外子会社を設立し現地での生産という方針に大きく転換していった。近年は、地方の中小企業も中国をはじめ、東南アジアや北米、欧州などに積極的な海外拠点を設けている。コアテックも同様に2003年頃から中国への子会社設立の準備を行い、翌年の2004年に浙江省杭州市に杭州科泰科技有限公司を設立した。コアテックの主要顧客である日系各自動車メーカーは中国現地生産を加速し、その結果として、現地納入設備が増え始めていた。そこで日系企業、および中国現地企業のニーズに応えるため、杭州科泰科技有限公司は設立されたのである。この中国進出は同様自動化設備メーカーとしては、ライバル企業に先駆けたものであり、韓国での経験を踏まえた上のことであった。1980年代後半の韓国は、オリンピックを控えて自動車産業を中心に経済が急成長を続けていた。コアテックもマツダとの関係で起亜自動車の自動化設備を受注し、それをきっかけに現代自動車や大宇自動車などに次々と参入し、最盛期は年間4億円ほどの受注額を記録した。2000年頃まで、韓国自動車メーカーは、日本のメーカーに次ぐ得意先であった。しかし21世紀に入ると、韓国の設備メー

カーの技術力が向上し、リークテスターなどは、日本製と同レベルとまではいかないまでも、近い品質の良いものを製造できるようになっていった。韓国設備メーカーは日本製の6割くらいの価格で作ることができる。したがって韓国に対して輸出で対応していたコアテックは次第に受注ができなくなっていった。現在では、複雑な組立機械などを除いては受注が非常に困難になっている。

　中国でも韓国と同様の将来が予想できた。現在は、日本からの輸出でも、中国に同レベルの企業が少ないため受注できる。しかし、いずれ中国の設備メーカーの技術力が上がってくると、価格では到底太刀打ちできなくなり、中国市場から締め出される可能性が高いと考えられた。中国は今後も成長拡大が予想される市場である。経営陣は、中国市場における事業展開が遅れをとれば、国際化の流れの中で置き去りになりかねないと考えた。

　杭州科泰科技有限公司は、操業当初、主として日系メーカーを対象に日本からの輸出するリークテスターや組立機などの現地工事や、改造対応などのメンテナンスを行うこと、また同時に穴あけ機や簡易洗浄機などの比較的簡単な機械の設計製造を行うことになっていた。杭州科泰科技有限公司は、日本の本社との連携や技術指導により、技術を蓄積し、長いスパンで見て成長することが期待されたのである。したがって、操業当初の赤字は覚悟の上であった。

第3節　杭州科泰科技有限公司設立

　杭州科泰科技有限公司は、最初は合弁企業として、岡山県内のF社という精密部品メーカーと神戸在住の中国人の在日商社をパートナーとしてスタートした。コアテックの取引業者であるF社は、1995年に中国へ先に部品加工メーカーとして進出を果たし、約100人の従業員を抱え、すでに利益を上げ事業も軌道に乗りつつあった。F社の社長の強い勧めと現地日系自動車メーカーを中心とする強い設備調達における現地化のニーズを感じたことにより、コアテックは、次第に中国進出を本気で考えるようになった。中国での子会社経営の経験のないコアテックにとってF社は、中国人商社とともに頼もしい存在

であった。当初の出資比率は、コアテック50％、F社40％、中国人在日商社5％、F社の中国子会社5％であった。杭州科泰科技有限公司の経営陣として、コアテックの谷本常務がトップの董事長を勤め、日本の役員に相当する董事に須増社長、副董事長にF社のF社長らが就任した。しかし会社は設立したものの工場はなく従業員もまだいない状態であった。まず、事務系の従業員を採用し、杭州市で事務所を間借りして、F社の杭州市内の現地子会社の応援を受けながら開設のための諸手続きを行った。

第4節　従業員の採用と日本での研修

　装置製造のためには高度な熟練の設計組立技術を身につけなければならず、優秀な人材の確保と教育が重要課題である。そこでF社の中国子会社でのノウハウを頼りに募集や説明会を行った。具体的には、杭州市内で行われた「人材市場」という大規模な就職説明会に参加し、日本のコアテックのプロモーションビデオを放映し、新規就職希望者に対して、コアテックとF社の担当者による個別面談による会社説明を行った。後日、面接と筆記試験が行われ、約40人の受験者に対し、9人を合格とした。それぞれの専門に応じて機械設計、電気設計、製造と新規卒業の採用を行い、浙江大学や浙江工業大学などの地元の名門大学、短大、高校などから、7名の技術系人材の採用が決まった（9名のうち2名は身体検査で不採用となった）。

　彼ら（全員男性）に対しては、日本のコアテック本社で3年間、設計・製造および日本語の研修・実習を行い、技術を身につけてもらうこととした。彼らには中国に帰国した後、中国子会社で中心メンバーとなって力を発揮してもらうことが期待されていた。採用決定後、彼らには、月に300元の手当てと、日本語の教材が支給された。コアテックの意向としては、それぞれが郷里で日本語を学んで欲しいとのことだが、彼らには当時、日本語を使う環境が無いために、実際の学習は日本に来てから本格的に始まった。

2004年2月、彼ら7名は、第1期研修・実習生として3年間の予定で日本での研修・実習が開始した。日本での研修は、経営戦略室の森安部長（以下、森安と記述）が計画から実行まで中心的に担当した。最初の3か月間は研修室で日本語と技術の基礎についての講義を行った。日本語については、中国に留学経験のある女性従業員が担当した。日本語教育については、日本の社会のことなどが説明された。技術については、設計製造の部課長クラスおよび係長クラスが担当し、図面の読み方や工具についての説明から始められた。

　その後、組立、設計と研修・実習計画にのっとり、またそれと平行して日本語の習得訓練も行われた。研修については、それぞれ3年間で2つの部署に行って作業を経験した。ある部署は小さい機械でベアリングの組立機などの製造を主業務としていた。これは担当者が1人で組立電気調整などを行っていた。もう1つの部署は自動車関係の大きな設備を作っていた。それぞれのセクションで担当者が違っていた。前者は機械組立も配線も同じ人がやっていた。研修・実習生は、組立、配線、トライなど、出荷まで一貫して作業経験を積んだ。後者は現場に電気の担当者がおり、配線などを行った。当社経営陣の「技術の基礎から勉強して欲しい」という希望から、研修は、塗装や部品製作などから順に進められていった。研修の一貫として、警察署から交通ルールの講義を、生命保険会社からはビジネスマナーの講義を受けたこともあった。

　1年目の7月には、役員との懇親会が中華料理店で行われ、カラオケで盛り上がった。また鳥取県の大山[1]の山荘で研修関係者と一緒に合宿を行い、大山登山も体験した。また夏には、三菱自動車水島製作所を見学した。

　1年目の秋からは、経営戦略室の森安を中心に、朝8時から始業までの約30分、日本の会社や経営についての勉強会が開催された。これは日本語教育を兼ねたものだった。研修生全員が早起きしてこの勉強会に参加した。日本の社会の構造など、2004年の9月から10か月くらいを3期生まで毎年、3年間行った。また個人的に森安の農業の手伝いをして、その後、宴会を開き、家まで送ってあげたというようなこともあった。会社のサッカークラブ、釣りクラブ、若い同年代の日本人従業員などが車などでドライブに誘ったりして、彼ら

も会社になじみ、楽しんでいるようであった。

　3年間で1回、帰省が許され、そのための費用を会社が負担したこともあった。実習1年目（来日2年目）が終わったころに彼らは久しぶりに帰省した。さらに、研修・実習修了前に東京方面に旅行を計画して補助を1人4万円出した。寮では、先輩後輩で助け合って生活することを目的に、1期生と2期生を一緒の部屋（1期1人、2期1人）とした。この寮生活では、喧嘩やトラブルがあり仲が悪くなったことがあった。

　2005年の2月に在留状況の調査に、国の外郭団体であるJITCOの人がコアテックを訪れた。これは、国の依頼でJITCOに所属する入管のOBが行うものであった。その際に生活している寮を見たり、職場を見たり、研修生の調査を行ったが、待遇や研修など模範的であるとの評価を受けた。

第5節　江蘇省への工場建設予定地移転

　第1期生の研修1年、実習2年の計3年間は順調に経過したかに見えたが、その間さまざまな計画変更があった。最も大きな変更は、工場の建設地の変更だった。現地子会社を建設する予定であった浙江省杭州市が、「工場を市で建設し、賃借する」という当初の合意を変更し、工場の建設は日本側の直接投資によって行うよう通告してきたのである。日本では考えにくい突然の方針変更に戸惑った。直接投資による工場建設は、コアテックにとって数億円の投資を迫るものであった。協議の結果、多額の初期投資によるリスクを避けるため杭州市での工場稼動を断念し、杭州の会社を清算することにした。

　しかし同時期、新たに江蘇省張家港市南豊鎮政府が工場を無償で建設し、そこを賃貸してくれることになった。そこで、コアテックは、浙江省杭州市に予定していた工場建設を、江蘇省張家港市へと変更し、科泰科技（張家港）機械有限公司（以下、CCNと記述）を設立した。張家港市は、上海から約130kmの長江沿いにある急速に工業化が進みつつある人口85万人の都市である。そこに2007年の夏の工場稼動を目指して建設計画を進めることとなった。また

移転の際に、これまで合弁パートナーとなっていたF社と中国人商社が合弁から撤退し、新会社は、コアテック100％出資の完全子会社となった。これは、CCNをコアテックの完全子会社とすることで、コアテック本社とのより緊密な関係の構築を目指すというコアテック側の希望によるものであった。これまでのF社との友好的な関係もあり円満に合弁は解消された。

　F社側の董事であった張鳳海（以下張と記述）は、コアテック（CJP）に移籍し、出向の形でCCNの総経理に就任した。張は、中国の大連出身で44歳、大連の日本との合弁家電企業に勤務の後、日本に留学し、経済学の博士号を取得していた。張は、その後、日本に帰化したが、日中双方の言語と事情に精通した人材として大きな期待を持って迎えられた。董事長にはコアテック常務の谷本が引き続き就任した。

　こうして工場建設は江蘇省に変更することが決まったが、研修・実習生の1、2、3期生の多くは、杭州市近辺の出身者が多く、工場建設地の変更による研修・実習期間終了後3年の雇用契約を見直し、雇用契約1年への変更を選択するものが半数以上いた[2]。研修・実習生のうち特に1期生は、社内でも日本人の新卒より優秀との評判もあり、会社としてもできるだけ長期で在籍して欲しいと考えていた。工場建設地を、少ない投資ですむ張家港市へ変更したことは、会社側としてみれば致し方ない判断であった。またコアテックは、「独資」に変更するよい機会と考えた。しかし、研修生にしてみれば「約束が違う、裏切られた」ということになった。

第6節　中国での本格稼動と問題点

　工場の建設地も正式に決まり、表面的には日本での研修・実習も順調に進んでいるかに見えていたが、研修・実習生の中には、自分たちの待遇や研修内容に不満を持つものも多かった。彼らは実際に会社に対して度々、不満の意思表示を行い、改善を要請した。研修・実習中は、研修手当や給与が支給される[3]が、日本人と比べると、低く抑えられていた。また研修・実習内容に関して、

研修生・実習生が、できるだけ機械の構造を学びたいと考えていても「ある部分の組立作業を延々と従事させられる」といった不満があった。彼らは、マニュアルのようなものを基に、ある程度言葉の説明をしながら丁寧に教えて欲しいようであった。

3年間の研修、実習が終わって1期生が帰国する頃には、彼らは、かなりの技術と日本語力を身につけていたが、技術者としてはまだまだこれからという感じであった。

1期生が帰国した2007年の夏に中国の新工場が竣工し、構想から約4年を経て、CCNの工場が、本格的に稼動することとなった。この工場では、当初の予定通り、日本からの輸出製品の現地据付工事やメンテナンス、簡単な工作機械の製造などを行った。また日本の親会社の中国での営業活動の支援業務も行った。本格稼動1年目の業績を見ると、売り上げが日本円ベースで約7,460万円、経常損失が約1,000万円と赤字であった。

2008年に入り、第2期生6名が帰国し、CCNは活気が増したように思えたが、4月末に1年契約が切れた3名が辞職し、その後さらに1名が退職した。設計要員として、3年間の日本での研修・実習を終え、これからという時に退職したわけである。コアテックの工場建設地の変更等の事情があったため、ある程度は覚悟していたとはいえ、実際にこうした事態に直面してみると、経営陣のショックは隠しきれないのも事実であった。退職した彼ら1期生のうち3人は、故郷の杭州に帰るといっていたが、実際は、それぞれ上海の日系の機械メーカーに就職した。給与はCCNの3倍であるとのことであった。

さて、その後、本社より指導管理する立場の技術者の派遣が必要であるとの判断から人材を派遣することになった。コアテックの設計部門の部長である太田光茂（以下、太田と記述）が、2008年2月にCCNの副董事長に就任したのである。

研修を行って技術を習得した人たちが、会社に将来的に残る保障はない。しかし、彼らが日本で学んだことが、将来CCNを通じて社会全体に役立つことができればと、経営陣の期待は大きい。

（1） CCN 経営陣および従業員インタビュー調査
 1） CCN の人事労務管理についての問題点
〈CCN 経営陣略歴〉
1. 谷本政男　科泰科技（張家港）機械有限公司董事長
   1942 年　岡山県生まれ　67 歳
   略　歴　1960 年　興譲館高校卒業　同年　株式会社藤井製作所入社
　　　　　1972 年　株式会社機器開発工業（現　コアテック株式会社）入社
　　　　　取締役技術部長、常務取締役を経て現任。

2. 張鳳海　科泰科技（張家港）機械有限公司総経理
   1964 年　中国大連生まれ　44 歳
   略　歴　2003 年　岡山大学大学院修了　2006 年より現任。

3. 太田光茂　科泰科技（張家港）機械有限公司副董事長
   1955 年　岡山県生まれ　54 歳
   略　歴　1978 年　岡山大学工学部卒業
　　　　　1986 年　株式会社機器開発工業（現　コアテック株式会社）入社
　　　　　FA システム部次長、ユニット商品グループ部長を経て現任。

① 　谷本政男　董事長の考える「人事労務管理についての問題点」
　人事労務管理については、基本的なものの考え方が日本人と中国人は大きく違う。
　中国人は非常に家族を大事にする。まず妻が一番大事である。妻が「嫌！」と言うなら会社を辞めるケースがある。現在、結婚（去年）して別居している状態の従業員（1 期生）がいる。妻は杭州におり仕事を持っている。こちらには来たがらない。妻や両親のいる郷里の杭州に帰りたがっている。妻の次に大事なのが家族である。一人っ子政策で親の面倒を見ないといけない。離れていては親孝行ができない。最初、会社を杭州に建設する予定であったので 1、2、3 期生は杭州で採用した。辞める人間はこれからも出てくる。せっかく育てて

これからというときに辞められる。CJPから応援の人を呼びたいが、経費の問題があって呼べない。CJPから呼ぶのに1日10万円かかる。1人の経費が高く、見積が高くなり受注にも影響する。人を呼んで技術力をアップさせたいが、コストがアップするというジレンマがある。今一番困っている点は人が辞めることだ。人事労務管理が大事であると思う。中国人は平気で会社をやめる。一生懸命に育てて大事にして教えたからやめないと思ったが、間違いだった。CCNで3,000元もらっていた人が上海の会社では手取りで月に7,000元もらっている。辞めた人は杭州へ帰ると言っていたが実際は帰っていない。親や家族と杭州で暮らしたいといっていたが、上海の日系企業に就職した。そのうちの1人は現在、日本にいる。同じ機械メーカーだが汎用機製造の小さい会社のようだ。

② 張鳳海　総経理の考える「人事労務管理についての問題点」

困っていることは、1、2期生がやめてしまうことだ。なぜ従業員が辞めるのかその理由は色々ある。1、2、3期生は、科泰科技を杭州でやるということで募集し、契約した。それを途中で会社の都合で、張家港に移した。彼らは、会社は約束を破ったと感じている。そこから「信用ならない」「契約がきれたら辞めてやろう」ということになった。

工場の場所が変わったことの影響が大きかった。張家港は辺鄙な田舎町である。若い人はそんなところで働くのは嫌ということである。また故郷の杭州から遠い。CJPが日本的な考え方でやったのが問題だった。辞めて移っていくのは当たり前である。これが中国の考え方である。ここに食い違いがあった。

杭州のある浙江省は、もともと中国でも裕福な土地なので、1、2、3期生の出身者は帰りたいと思っている人が多い。それも仕方がないと思う。個人主義だが、妻の言うことは聞く傾向にある。非常に妻を大事にする。結婚したら妻の意思が強く、張家港には来ない。男が杭州に帰る傾向にある。杭州での仕事を辞めて、結婚して田舎の不便な張家港には妻は来ない。両親も故郷におり、一人っ子なので親との結びつきが強い。とにかく中国の思考に合わせることが大切だ。4期生は最初から張家港で契約したので辞めないと思う。契約違反は罰金もある。1、2、3期生は会社が自分たちとの約束を破ったと思っている。

趙志敏（この前やめた2期生）の辞職については、彼が日本からの研修から帰ってきて半年で辞めるといってきた。約束を破るのはよくないと言って引き止めた。本人も納得したようだが、1年の契約が終わるとさっさとやめていった。しかし最後まで一生懸命やった。2月19日に契約が切れたが、その日に張家港を去っていった。そのとき自分は出張中だった。私が帰るのをまってくれていると思ったが、帰ってみたらもうCCNにいなかった。月曜日から別の会社にいっているということだった。最後に話がしたかったが、引きとめようがない。CCNの若い人は、まったくあっさりしている。辞めた人は、平気でCCNに遊びに来たりしている。仕事は仕事と割り切っている。辞めたから敵というわけではない。辞めた人ともいまだに仲はよい。今後も仕事で連携できるかもしれない。どんどん転職していく件については、1、2、3期生はやむをえないと思う。

　③　太田光茂　副董事長の考える「人事労務管理についての問題点」
　現状の問題点として、苦労している点は、日本と中国の文化思想の違いである。会社と個人との関係において日本は能力主義とはいっても終身雇用的な考え方が根底にはある。中国はその考え方が非常に薄い。条件によっては転職も非常に簡単にする。よい職場があれば行くという感じである。気に入らなければあっさりと辞める。1年とか2年とか短期間の契約が普通だ。契約が切れたから更新しない。次の契約はどことするかという感じだ。3年間の日本での研修を終えた従業員は、こちらに帰ってきた時点で付加価値が高くなっている。3年間研修した人については、しっかり教えたからやめないだろうという感覚ではだめだ。それは全然違う。人事労務の考え方は、中国と日本で大きな違いがある。日系大手でも離職率は高い。大手でもこの人をやめさせたくないという場合は、特別な手当をつける。引き抜きも頻繁にあるようだ。

　自分は機械設計を日本でしてきたが、こちらで自分がやりすぎると新しい人が育たないというジレンマがある。そのあたりが難しいところだ。日本で3年間研修経験のある人はある程度設計ができる。しかし、日本での研修経験のない5期生などはまだ難しい。

2）日本での研修について

① 谷本政男　董事長の考え

中国では、日本での3年の研修を経験した技術と日本語を身につけた人の需要が高く、それがステータスになっている。CCN の日本での研修方法を考え直す必要がある。全員が行くのではなく、よい人材を選抜して派遣することにしたいと考えている。給与を CCN の3倍出すところがあるが、上海は物価が高い。転職したことを後悔している人もいるらしい。杭州で採用した3期生までは不安定である。人の安定は張家港で採用した4期生からではないかと思う。

新卒3年間の研修制度の良い点は、日本の会社のやり方、日系企業の考え方、技術をしっかり身につけること、日本語の上達が早いこと、優秀な人材を研修という制度で引き付けられることが挙げられる。会社としては、優秀な若い労働力を安価に得られる。従業員にとっては、異国で苦労する分、人間がしっかりしてくる。もまれて成長する。どちらかというと一人っ子政策で親に甘えていてひ弱な感じだから自立訓練として有効である。従業員にとっては給与をもらって技術と語学が身についてスキルアップできるのが良い点だろう。悪い点は、研修目的に企業を利用する人がいるので、研修が終わったら短期間で辞めて他に転職する。日本語と技術を会社が教えて会社が利用される。それにより技術流出が起こり会社にとって不利益が生じる恐れがある。新卒でいきなり3年の研修ではテーマが漠然としており非効率である。問題点がはっきりしない。人材育成に手間と経費がかかる。

② 張鳳海　総経理の考え

新卒の優秀な人間を採用し、すぐ3年間の研修を行い、一生懸命教えてすぐ辞めた。はっきり言ってショックだが、中国的には当たり前のことである。日系はどこもこの問題で苦労している。そもそも研修制度のやり方が問題ではないか。CJP のような研修制度をやっていると、従業員は日本での研修を受け、契約が切れたらすぐ辞めることになる。例えば、合弁相手であった F 社は、10 数年で、合計 130 人くらいの研修生を日本に送り込んでいる。今残っているのは4、5人。それが当たり前である。しかし、F 社の場合は、そうなっ

ても本社が損をしないように計算してやっている。とはいっても中国に帰ってF社を辞めて独立してライバルになっている人も多く、研修制度を通してうまく利用されている感じである。他の日系企業の総経理に話を聴いたが、そういうやり方をしているとほとんど残らないという。以前CJPと同じような研修を行っていたが、ほとんど辞めたとのことだ。10人に1人残れば良いほうらしい。会社のために働く人、30歳以上で結婚している人、子供がいる人、すでに技術を身につけた地元の張家港出身の人を、中途採用するほうが辞める確率はかなり低くなる。そうした方が良い。会社の発展のために力を出す人がよい。若い人間は、都会志向が多く、転職していくのが普通だ。なかなか腰が落ち着かない。新卒で日本にすぐ研修に行かせるのは、日本語が身について、技術を教えてもらって、メリットが大きい。うまく利用されているだけになる。自信も持っている。若く優秀だが謙虚さがない。日本から帰ってくると、日本語と技術のスキルがかなり身についている。そうした人材に対する需要も多い。商社などは、技術を理解し、日本語ができるという点で引っ張りだこである。上海の機械商社などはそうした人材を月給1万元で採用することもあるという。これではかなりの確率でCCNを辞めて行くことになるだろう。コアテックは幼稚園、小学校などの教育機関ではない。中国式に考え方を変えないとだめだ。とにかく日本的な考え方をしてはだめである。それに比べて30代の技術を身につけた経験のあるベテランは、人間ができており謙虚さももっている。そういった人を、ある特定の技術を身につけてもらうといったテーマをもって日本に研修に行かせるべきである。要は、若い新卒、優秀な人を採用して、3年研修して、終わって現地で何年も働いてもらうというのは甘い考え方だということだ。スキルアップして日本での経験があれば、高く売れるので当然転職する。それは当たり前という思いでやらないといけない。日本的な考えでなく中国的な考え、現地の考え方でやらないととんでもないことになる。

3）CCNの課題・問題点
① 谷本政男　董事長の考え

CJPもCCNも資金に乏しい中小企業であるから思い切った投資ができない。杭州から張家港に移ったのも資本に乏しいので、立地条件のよい、人気のある

杭州に2億もの投資ができないために賃貸の張家港に移った。そのまま杭州にいれば、また、結果は違っていたのではないか。大企業と違って思い切ったことがやりにくい。そこが成功を阻んでいる。資金がないから対策が小出しで遅くなり、効果が出にくい。

② 張鳳海　総経理の考え

　日本本社から人を派遣して欲しい。高齢ベテランでよい。嘱託の人とか定年退職した人などでもよい。現場のわかった設計の人。右腕になって営業構想図などをきっちり描いてくれる人が必要だ。可能であれば30代後半から40代前半くらいの人で、第一線の現場をしっかりわかった人（部品の加工もわかった人）がよい。現状では、営業をやっても不具合が出て手戻りが多く困っている。不良品で手戻りが出てくると、せっかく苦労して仕事を取ってきても次につながらないことになる。

　営業では、人脈、ネットワークがないと仕事が取れない。日系、現地を問わずそうである。入札においても、顧客側の人間に人脈があれば、情報が入ってくる。もちろん技術がないとだめだが、それだけでもだめだ。20万元の仕事を積み重ねて今年度300万元以上を受注できている日系企業もある。小さい仕事を積み重ねる必要がある。中国は、日本のような大規模な装置よりも小さい製品に対する需要が多い。最初は小さくて価格が厳しいが、それが次の受注に繋がっていく。小さくて儲からないから受注しないという考えでは後に続かず、だめだ。先日の入札では、当初CCNの価格が高く、不利だったが、人脈の後押しで、受注できた。人脈がないと受注できないという典型例であった。例えば、発注企業の総経理の奥さんが入院し、見舞いをした。感激してくれて、仕事をCCNに出すように配慮してくれた。友達だから、仲間だから仕事を出すということだ。中国ではそういう考え方をする。逆に技術はあっても人脈がないと仕事はとれない。

　CCNの側で、CJPからの技術移転の場を作り若い人に指導し、引っ張っていくことが大切だ。そのために第一線の30〜40歳の現場を良く知る技術者の派遣が必要だ。CCNの従業員は、みんな優秀で5期生も一生懸命やっているが設計は難しい。CJPから人を派遣してもらい5期生などの若い人に教え

て欲しい。そういう人が必要である。

　CCN では、営業と人の問題があるが、根本は人の問題が大きいと思う。会社を軌道に乗せるには、まず仕事を取ってこないといけない。問題は手戻りが多くなることだ。これを防ぐために人が必要になる。本社の助けが必要になる。

　CCN の給与は近在の現地メーカーの2倍くらいあり、すごくよいと思う。上海や杭州は、物価が高いから張家港と一概には比較できないが、機械メーカーの給与は CCN よりもっとよい。

　管理とか人事労務管理など10年早いのではないか。そういうことをする専門の人は必要ない。今は CJP の草創期と同じで、何でもチャレンジして、みんなで仕事をとってみんなで一生懸命やることが肝要だ。5S や人事労務管理などは仕事を取れてはじめてやれることだ。きれいごとでは通用しない。まず、仕事を取ることが第一であり営業受注活動が大事である。しかし、現状は技術陣が足りないので何とかしたい。中途で経験のある人を採ること、および CJP から人を派遣してもらうことが必要である。日本での研修制度を見直すことも必要だと考える。本社にも対 CCN については、中国式の考えをもってもらうことが必要であると考える。本社側も、だんだんと分かってきた。日本式の考えを CCN に持ち込むのは適当でない。現地のやり方をすることだ。営業、人脈ネットワークがとくに必要である。技術だけでないが、技術の裏づけは必要だ。管理だけを行う人は、今のところ必要ない。

　③　太田光茂　副董事長の考え

　人を惹き付けて引き止めるものを会社が持っていないと、仕事のできる人から辞めていく傾向にある。CCN では仕事の熟練度の高さが従業員に要求されるので、人を育てるのに時間がかかり、研修終了1年後に辞められると育成が難しい。従業員の中でも独立して起業したいという人が多い。今の中国社会は、日本の戦後の東京オリンピック前後の高度成長前期のような感じだ。小さな町工場が乱立してしのぎを削っている状態であり、激しく動いている感じだ。当時の日本と違うのは社会のインフラとしてインターネットがあること、つまり情報の伝達が早く、情報量が多いということだ。

CCN固有の問題として、張家港は、地理的に不便であり、田舎にあるということがある。もともと杭州に立地する予定であった。それを変更して張家港になった。1、2、3期生には杭州出身者が多い。会社をでて高速道路を車で6時間くらいかかる。大阪に作る予定が、福岡になったみたいな感じだ。人間関係の悪化などもあった。その辺のどろどろした感じは日本と同じだ。

　中国では、政府の改革のスピードが速い、景気対策もスピード感があり、購買意欲を政府が刺激すれば、その対策が根付いてうまくいくのではないか。つまり不況の影響はさほどなく、うまくやれば会社の状態はもっとよくなると思う。今は日系企業を相手にしているが、慣れてくれば現地にも入れると感じている。

　見積りや経費の話では、日本からの出向者3人で経費の半分くらいを使う。CCN社員30人の経費を6,000万円として、付加価値30％で約2億円の仕事がいる計算だ。現地の人で大卒の総支給が3,000元（4万5,000円）あるかないかくらいである。今年からは、出向者の人件費を日本も負担している。3人分で月に100万円いる。これは現地の人の25人分くらい。このことは見積もりにも影響する。受注価格をどんどん下げていくと資金が足りなくなる。

　CCNに不足しているものは、管理、財務の人材だと思う。責任者、営業が暴走したときに、数字の裏づけをもってブレーキをかけ、意見を言う人が必要だ。本社の管理担当取締役のような人が必要である。

4）現地で成果主義を導入する企業は多いか

① 谷本政男　董事長の考え

　成果主義に関して、欧米系はその運用がはっきりしている。日系は、欧米に比べると運用が比較的緩やかだろう。多かれ少なかれ導入している。企業である以上ある程度、成果主義の導入は必要だろう。研修生1期生などの動向を見ると日系から日系へ変わる傾向がある。日本語のスキルが活かせるし、日本的なものにも触れていて慣れている。彼らをみていると、成果主義というよりも自分の力を高く買ってくれるところに行っているように見える。例えば同じ仕ことで、3,000元（CCN）から1万元（上海の日系）へ転職した人がいる。辞めた人間は、CCNの給与は安いと感じている。

5）なぜ現地人の支持する明確な成果主義を導入しないのか
① 谷本政男　董事長の考え
　日本のやり方・賃金制度をある程度踏襲して導入したから。儲かったら給与を上げられる。ボーナスも奮発する。それでよいのではないか。現実の話として極端に本社と違った独自のやり方は、本社の支持を得られないと考える。あまり差を設けるとうまく組織が機能しなくなるのではないか。この仕事はある程度チームワークの仕事だからだ。個人プレーだけでは成り立たない。全員でやる、頑張るといった感じとなっている。評価も難しい。皆でやる仕事だから。今のやり方でよい。幹部登用など、ポスト、昇進で好処遇をしようと考える。本社もそう差が無い。基本的にチームプレーだから。

（2）CCN 現地従業員インタビュー調査
1）どのようにして CCN に就職したか
〈CCN 従業員略歴〉
1. 蒋治国
　1979 年 7 月　中国浙江省生まれ　29 歳
　略歴　2003 年 9 月　包頭鋼鉄学院卒業
　　　　2003 年10月　杭州科泰科技有限公司（現　科泰科技（張家港）機械有限公司）入社
　　　　2004 年 2 月　研修生 1 期生として来日、2007 年 2 月研修修了し帰国
　　　　現在、電気設計サブリーダー

2. 孫烈
　1980 年 9 月　中国安徽省生まれ　28 歳
　略歴　2003 年 9 月　安徽省銅陵市職業技術学院卒業
　　　　2003 年10月　杭州科泰科技有限公司（現　科泰科技（張家港）機械有限公司）入社
　　　　2004 年 2 月　研修生 1 期生として来日、2007 年 2 月研修修了し帰国
　　　　現在、品質管理・調達係長

3. 呉金明

　　1982年11月　中国浙江省生まれ　26歳

　　略歴　2004年9月　　浙江大学卒業

　　　　　2004年10月　杭州科泰科技有限公司（現　科泰科技（張家港）機械有限公司）入社

　　　　　2005年2月　　研修生2期生として来日、2007年12月研修修了し帰国

　　　　　現在、システム設計担当

① 蒋治国氏（電気設計、1期生）

　仕事を探す人、人材を募集する会社は、インターネットや新聞で求人し応募先を探す。機械関係、外資系企業なども同じである。最初は、CCNは合弁であった。杭州コアテックとして杭州の人材市場で募集していた。面接があり、本社CJPのPRビデオを大きな教室を借りて流していた。どんな会社か、周囲の雰囲気とかをビデオで見てつかんだ。電気設計、機械設計、製造の人材を募集していた。世界に製品を輸出している、高い技術を持った会社だと思った。履歴書を送ることを約束し、連絡先を告げて、約1週間後に試験と面接を行うことの連絡があった。杭州市内の高校で試験と面接があった。谷本董事長と他の人がおり、受験者2人か3人ずつで面接を受けた。その後、技術関係、英語などのテストを受けた。さらに歴史やマナーなども試験があった。試験と面接の後、2か月ほど合否の連絡を待った。9人が合格となったが2人は身体検査で不採用となった。結果を受けて杭州でF社の担当者と会い、入社の契約を行い、日本で研修を受けることが決まった。そして日本語の勉強のための教材をもらって勉強した。1期生は語学学校には行かず、自分で勉強をした。

② 孫烈氏（調達・品質管理、1期生）

　会社の就職時のことについては、人材市場で就職活動をした。なかなか就職が決まらず苦労した。日本の新卒の採用のような説明会でCCNと縁があった。土曜日と日曜日に、杭州で説明会があった。あと最近はインターネットで職探しをしているケースがある。試験面接を高校で受けて、合格した。月に300元の手当てをもらって故郷で日本語の独学をした。

③　呉金明氏（システム設計、2期生）

大学卒業の際、就職を探していた。人材市場という場で、コアテックは柴氏（当時コアテック）、F社の人が面接、会社のビデオを見せていた。3か月の試用期間の後に3年間の日本での研修があるという話を聞いた。履歴書を書いて送ることを約束し、連絡先を教えて、次の試験と面接の日程の連絡を待った。会社から連絡があり、杭州の高校で試験面接があった。午前中に筆記試験があり、午後から就職希望者3人ずつ面接を受けた。面接官はF社の役員、コアテックの柴氏、中国商社の人など5人いた。40人受けて6人採用、自分の専門のコンピューター関係は9人受けて1人だけの合格だった。8月1日に合格通知の電話をもらった。8月15日に来てくださいという電話で、そこで契約を行った。その高校で日本語を先生から教えてもらった。その先生は英語の先生で日本語は独学で勉強した人であった。そこで日本語の基本を勉強した。しかし、日本語を使う環境が無く、基礎を勉強した感じだった。実際は日本に行って勉強した。

2）日本での研修について

①　蒋治国氏（電気設計、1期生）

2004年2月に日本での研修が始まった。3か月くらい座学や簡単な技術研修を行った。5月過ぎから実務研修を行った。自分はFA関係の2つの部署に行った。日本語は、3か月たったらヒアリングはだいたいわかるようになった。テレビで見て勉強したが、その影響が大きかった。6か月たったら自分で思ったことのほとんどが表現できるようになった。3年間でどんな知識、技術を勉強したか日本では意識をしていなかった。こちらに帰ってから自分で考えてできるようになったその瞬間に日本で多くの知識と技術を身につけられたんだなと実感した。反省点は、勉強不足だったことである。もう1回勉強したい。とくに1年目は研修生の身分のために残業禁止だった。定時で寮に帰っていた。もっと作業をやりたかった。少し後悔している。もっと仕事を経験して技術レベルを上げたかった。

②　孫烈氏（調達・品質管理、1期生）

日本での研修で最初困ったことは、言葉が通じないことだった。思ったこと

が表現できないなどの問題があった。聞きたいこと、疑問に思ったことも表現できない。FA関係の部署に配属になった。取り組んでいる設備がどんな設備でどういう仕事で全体の中で自分がどういう部分の仕事を受け持っているのかわからなかった。日本での研修においては、自分が配属した部署で自分の仕事が将来どういう意味があって、何を期待されているのかなどわからなかった。総経理に相談して、説明してもらったので少し安心したのを覚えている。

③　呉金明氏（システム設計、2期生）

最初の半年間の座学では川西先生（外部の人）に日本語を習った。午前中は工場で穴あけや塗装などの技術の基礎を習った。1人1週間1部署をまわって研修した。現場で配管を行った。教えてもらった人は皆面倒見がよかった。その後9月1日からオープンシステムグループで部品見積もりシステム構築作業を行った。CCNでもたまに使っている。いろいろと教えてもらった。あとCCNの原価管理システム構築作業を行った。経営戦略室で最後の6か月間、原価計算システムのテストをやった。あと社内規程の翻訳作業を行った。最初、行くときは、日本の会社にだまされて利用されるかもしれないと考えたが、実際に行ってよかった。個々の研修では不満もあったが、全体としてよくしてもらった。

3）CCNについて、辞める理由、辞めた人の理由

①　蒋治国氏（電気設計、1期生）

今の電気設計の仕事は面白く好きだ。日本でも世話になった。みんなよい人たちで親切だった。ただ自分の日本での勉強不足を後悔している。もっと経験をつんでおきたかった。去年結婚したが妻が杭州を離れたくないということで、別居している。仕事も向こうに持っている。そのことで困っている。董事長からは、将来を保証するからいてくれといわれているが、それではリスクを自分が負うことになる。中国式では会社がリスクを負うのが本当だ。こちらは不便で、親も親戚も学生時代の友人もいない。張家港は、浙江省と風土が違い馴染みにくい。山がなく自然の感じが違う。地元に帰りたい。故郷に帰って仕事がしたい。両親の面倒も見ないといけない。会社が杭州にあったら違っていたと思う。当初と予定が変わったので、そのことが大きい。不便な田舎だから

生活しにくい。給与も杭州が高い。今の3倍の給与のオファーもある。しかしそれよりも故郷と遠く離れて田舎で不便であり、風土のなじめない、家族と離れて暮らしているのが辞めたい理由である。3月に辞めて杭州に帰る曹さんも同じような理由だ。

② 呉金明氏（システム設計、2期生）

同輩では将来的に起業を希望している人が多い。みんな経営者になりたい。この前やめた趙さんはお父さんが会社を経営している。あとを継ぐ意味もあって辞めて杭州へ帰った。1年で辞めた理由は、杭州から遠いこと、彼女が浙江省温州だから張家港が遠いこと、給与が安いこと、だ。もっとよい待遇の所にいった。

辞めていった人の理由は、給与が安いことである。もっと良いところがあった。出身の杭州から遠い。杭州に会社ができると思って入社した。遠い張家港とは思わなかった。不便な田舎にあるのが問題。今度辞める曹君も杭州がよいといってやめる。不便さが無い。杭州のほうが、給与がよい。向こうに家族もいるし結婚もしたい。そういうことで辞めていく。王さん、許さん、張さんは上海の機械メーカーに勤めている。日系だ。規模は小さいが中国に出てきて長い経験があるところだ。給与は、CCNの3倍くらいらしい。上海は交通も便利だ。基本は給与と人事（実力主義の考え方が薄い日本式が基本）で辞めた。上海に行った3人の辞めた理由は実力主義でないことと給与が安いのが原因である。また杭州に当初の計画どおり作っていたらとも考えるが、この3人は給与処遇や人事制度で辞めていただろうと思う。しかし、この前結婚して、現在、奥さんと別居中の蒋さん（今引き止めているが辞めそうな人）や今度3月末で辞める曹さんは、給与の問題だけでなく一番の要因は、杭州に帰らないといけないからである。親の面倒を将来見なければならない。奥さんが杭州で仕事を向こうで持っており自分も故郷に愛着があり帰りたいというのが理由である。もし杭州にCCNがあったら辞めていないかもしれない。浙江省出身の人はみんな地元に帰りたいと思っている。杭州に愛着がある。結婚しても共働きなので嫁さんがこちらに来ない。両親も彼女もいる。親孝行ができない。杭州であったら問題なかった。不便だ。お客さんからも遠い。杭州は日系のお客さ

んも多い。杭州のほうが営業機会も多くよかったのではないか。
　③　孫烈氏（調達・品質管理、1期生）
　1期生の4人が辞めて何人かは上海にいる。1期生は30歳くらいの人がいる。生活上の希望があった。結婚もしたい、お金がもっといるということだった。人事制度は日本のCJPのやり方である。差をあまり設けない制度だ。それが1期生には不満だった。辞めた人は、仕事のできる人たちだった。去年はまだ人事管理ができていなかった。今年から目標管理をするようになった。全社目標、部門目標、個人目標の流れができてきた。
　中国では、だいたい普通は成果主義を支持している。転職は多い。当たり前のようである。いろんな会社に勤めて、スキルアップしていくのが一般的だ。経験を積んで広い知識を得たいと考えている。そういう考え方が一般的だ。
　4）なぜCCNを選んだのか
　①　孫烈氏（調達・品質管理、1期生）
　CCNを選んだ理由としては、日本での3年の研修があるということが魅力だった。コアテックの製品は技術が高く、将来性もあると考えた。自動車業界を主顧客としており魅力があった。
　②　呉金明氏（システム設計、2期生）
　就職するときにCCNを選んだ理由は、世界で活躍できる高い技術をもっているから、福利厚生がよいからである。また3年間の日本での研修で実力を磨けるからである。このチャンスを得られるのが大きかった。
　5）CCNのよい点、悪い点
　①　孫烈氏（調達・品質管理、1期生）
　CCNのよい点は、安定雇用、親会社がしっかりしている所である。日系企業のよい点をもっている。納期をきっちり守るし、品質がよい。安定雇用であり、人を大事にする。本当によくしてもらった。研修中も、親身になって教えてもらった。恩義に感じている。
　悪い点は、変化が遅い。成果主義でない。改革がなかなか進まない。人間の個性、主張を重視しない、尊重しない。同じ会社の中で、仕事をしている人と仕事をしていない人の差をあまりもうけない。辞めた人はそれがいやだった。

辞めた理由はそれが一因だ。中国人はこれを不公平と感じる。これは誰も支持していない。

②　呉金明氏（システム設計、2期生）

どういう会社で働きたいかというと中国と日本の会社の長所を併せた会社である。実力主義、成果主義の採用を最優先し、福利厚生、雇用の安定も含めた会社である。CCNは福利厚生が充実していると思う。残業したらその分出してくれる。土・日曜日が休みだ。それはよい点である。現地資本の企業は、土日の休日出勤が多い。残業代も出さない会社が多い。また勉強とか研修会に行かせてくれる点も良い。現地の中小企業は、研修の機会がほとんどない。悪い点は、CCNの給与が高くないこと。現地資本の張家港の会社に比べるとよいが、杭州や上海の日系に比べると、物価も上海などは高いが、こちらは給与が低い。

それから、いろいろな意味で管理ができていない。人事労務管理、組織が、ばらばらしている。今一番会社として問題なのは、管理する人がいないこと。実力のある管理の人が必要である。

CCNへの希望は、もっと人事制度を実力主義に変えて欲しいと思っている。そのことはみんな思っている。辞めた人は特にそう思っていた。今はCJPのやり方を基本的に持ってきている。中国式でない。技術移転のためにCJPからも人を派遣するべきであると思う。

6）CCNの魅力、これまで続けてきた理由、今後の課題

①　孫烈氏（調達・品質管理、1期生）

今日まで続けてきた理由は、会社の将来性に賭けているからである。これから1年、2年とよくなっていくと思う。それから困っているときに就職させてもらった。恩義に感じている。恩返ししたい。

今後の課題は、6か月とか、1年とかの期間でCJPから派遣の設計製造の人の補充である。太田副董事長のような人が必要だ。あと技術営業の人も必要だと思う。

②　呉金明氏（システム設計、2期生）

CCNの魅力は何かというとグローバル企業であることである。世界が相手

であること、自動車関係の先端技術であることなどが魅力である。だんだんと中国がこれから伸びてくるという将来性がある。CCN の未来が期待できると考えている。

　CCN はまだこれからの会社だ。頑張ってよい会社にすればよい。機械設計の人が少なくまだ必要。日本から教える人がきて欲しい。特に5期生には必要だ。現場でも精度の高い製品であれば人が必要だ。設計は外注設計の大連の張さんが引っ張っている。

◆設問
1. CJP が実施した研修や処遇の目的は何だったでしょうか。
2. 中国へ帰国した研修生達が CCN を辞めていくのはなぜでしょうか。
3. CCN は、今後どのような人的資源管理を行っていけばよいでしょうか。

注
1) 大山は鳥取県にある標高 1,729m の山であり、中国地方の最高峰。一帯が大山国立公園に指定されている。
2) 4、5期生は張家港に移転後、契約、採用している。
3) 3年間のうち、1年目は研修生として雇用契約は無く、研修派遣で研修手当てが支給される。後の2年間は実習生として雇用契約を結び中国からの出向扱いとなり給与が支給される。

第7章 カモ井加工紙株式会社
―粘着技術を活かした新分野進出―

三宅孝治・松田周司

第1節 『mt（エムティー）』を製造する企業

　雑貨店を覗くと、女子中高生から主婦まで、幅広い世代に注目されている商品がある。『mt（エムティー）』と呼ばれるその商品は、一般的には、マスキングテープと呼ばれる商品である。指で切ることのできるそのテープは、貼るだけでなく、きれいに剥がせるといった特徴をもっている。さらに『mt』は、色・柄・素材・サイズが豊富に用意されており、ラッピングやデコレーションに使われたり、メモに使われたりと、その用途は、それを手にするユーザーに任されている。創造力を働かせて、その用途を考えるとワクワクしてくること間違いなし。手にするだけでもかわいらしいその小さなテープは、今や雑貨店の「華」と言っても過言ではない。

　この雑貨店の「華」を製造しているのは、岡山県倉敷市に本社を置くカモ井加工紙株式会社で

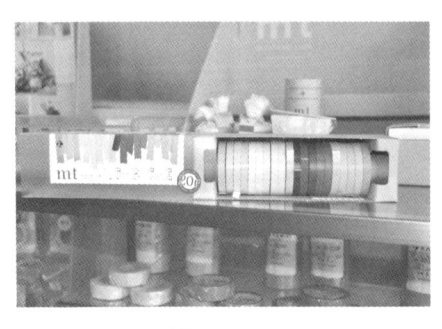

図7-1　mt

ある。カモ井加工紙株式会社の概要は次の通りである。

■カモ井加工紙株式会社の会社概要
　□本社および本社工場：〒710-8611　岡山県倉敷市片島町236
　□創立：1923（大正12）年2月15日
　□資本金：2,400万円
　□従業員：202名
　□代表取締役社長：鴨井尚志
　□生産品目：建築・車両・木工塗装用各種粘着テープ、包装用クラフト・布粘着テープ、粘着式平型ハイトリ紙、リボン型ハイトリ紙、ネズミとり等補虫製品、保冷剤
　□関連会社：THAI-KAMO Co., LTD

　カモ井加工紙株式会社は、市場シェアがトップの製品群を2つ持っている。1つはハエ取り紙、もう1つはシーリング用マスキングテープである。
　ハエ取り紙は、疫病を運ぶと言われているハエを、粘着する紙で捕獲しようというものだ。「カモ井のリボンハイトリ紙」は当時一世を風靡し、昭和の初期、中期を知る世代での認知度は非常に高い。
　シーリング用マスキングテープは、建築工事の現場、車両の塗装現場などで使われるもので、一般消費者が直接購入することは少ないため、あまり知られていないかもしれない。建築現場のシーリングと呼ばれる作業や車両塗装現場で塗装作業を行うときに、汚したくない部分を覆う（マスクする）テープが、このマスキングテープである。現場の職人さんには「青いテープ」と呼ばれており、マスキングテープ市場における当社商品のシェアはNo.1である。
　害虫駆除、建築資材といった分野でシェアNo.1を誇る企業がどのようにして、雑貨店の「華」として注目されている『mt』を開発・販売するようになったのだろうか。

第2節　ハエ取り紙のシェア No.1 企業へ

1. ハイトリ紙製造所の創業

　1923（大正12）年当時、冷蔵庫を自作したことがあるという逸話も残すほど、ものづくりが得意な鴨井利郎は、ハエ取り紙の製造を開始した。これがカモ井加工紙株式会社の前身となる「カモ井のハイトリ紙製造所」である。当社が所在する岡山県倉敷市の方言では「ハエ」を「ハイ」と呼ぶことから、「ハエトリ紙」ではなく「ハイトリ紙」と名乗っている。

　1920年代は、疫病の原因の1つとも言われるハエを駆除する方法として、ハエ取り紙が多く使用されていた。ハエ取り紙とは、ハエ駆除を目的とした粘着式の紙・テープのことである。当時のハエ取り紙は平型と呼ばれ、ハエがとまりそうな場所に置いて使うタイプのものだった。このハエ取り紙は、パルプと松ヤニを原料としており、当時国産品がなく輸入に頼っておりその値段は高価であった。

　カモ井のハイトリ紙製造所が操業を開始した年の9月に発生した関東大震災は、その後の衛生環境の悪化によって疫病の発生を招いた。その対応策としてハエ取り紙へのニーズが高まっていき、当社は、そのニーズに応える形で順調に業績を伸ばしていった。1924年には朝鮮、満州、南方諸地域をはじめ、北米・南米への輸出も開始している。世界大恐慌の翌年である1930年には、JR倉敷駅前に旧本社も完成した。

2. リボンハイトリ紙で一世風靡

　旧本社の完成と同時期に、ハエ取り紙の新製品である「カモ井のリボンハイトリ紙」の発売を開始した。このリボンハイトリ紙は、従来の平型とは異なり、天井から吊すタイプのものだった。ハエはその種類や、生息する地域によって飛ぶ高さが異なるという。平型では捕獲が困難な場合もあるが、この天井から吊すタイプは、飛ぶ高さが多様なハエに対応することができるため、捕

獲する性能が高くなるというわけだ。このリボンハイトリ紙は当時、一世を風靡した。「家の鴨居から吊すから、『鴨居のハイトリ紙』だと思っている人も多いみたいです」と鴨井社長は笑う。その後も新製品開発は続き、1933（昭和8）年にはピレトリン製剤の液体殺虫剤「キリメツ」を開発した。「キリメツ」とは、キル（kill・殺す）とメツ（滅する）から命名された液体殺虫剤であり、「激烈滅止」という商標の効果的なイメージづくりも奏功して、一大ブームを巻き起こした。キリメツの販売促進策の一貫としてつくられた美人モデルを起用した大型ポスターは、現在、ポスターマニアの垂涎の的となっている。

　日中戦争が1937年に起こるなど、戦時色が強まっていく中、当社は1942（昭和17）年、軍納品の指定を受け軍指定工場として、上海（中国）、京城（現、韓国ソウル）に「大東亜工業株式会社」を設立し、軍用として現地軍部に納入している。その後、1946（昭和21）年には、社名を現在の「カモ井加工紙株式会社」へと改称した。

　1952（昭和27）年、害虫駆除のための新製剤として「BHC」の製造を開始し、「平紙（ハエ取り紙）」「リボン（ハエ取り紙）」「キリメツ（液体殺虫剤）」と並んで、「カモ井の殺虫四大商品」と呼ばれる

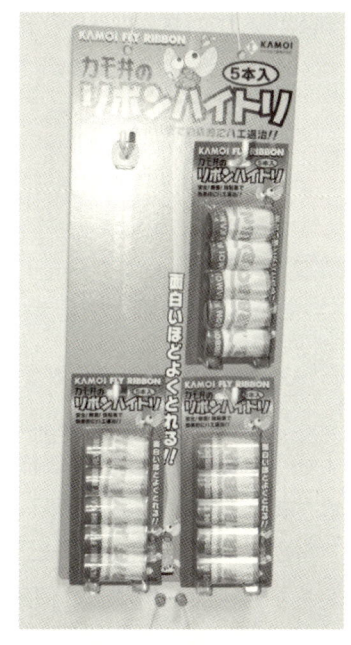

図7-2　リボンハイトリ

図7-3　美人モデルを起用した大型ポスター

商品が揃った。販売促進策の1つであるノベルティとして、消費者向けのサービス品が準備されていたのがこの頃である。

第3節　シーリング用マスキングテープのシェアNo.1企業へ

1. 第1の転機

1950年代中頃から、日本は高度経済成長の時代を迎えた。この頃になると、ハエ取り紙の市場は既に飽和状態に陥りつつあった。また高度経済成長によって、国民の生活環境が改善されていくことは容易に想像できるため、ハエ取り紙の日本国内市場が縮小していくことは明らかだった。

当社は1961（昭和36）年に新工場を完成させ、そこで「紙粘着テープ」の製造を開始し、翌年発売を開始した。それは、ハエトリ、殺虫とは全く無関係にみえる事業であった。高度経済成長下において物流の現場では、木箱に替わって段ボール箱が用いられるようになり、またその量は劇的に増加していたため、粘着テープの需要は増加傾向であった。日経ビジネス（2002年7月15日）によれば、「当社のコアテクノロジーはハエ取り紙で培った粘着技術。だからそれを生かした粘着テープの製造に踏み切ったのだろう」と当時6歳だった鴨井社長は、先代の決断の背景を想像している。

新工場完成以降、先代の読み通り、当社内での粘着テープの割合は徐々に増えていった。1965（昭和40）年には、現本社工場である片島工場が竣工し、テープ部門を統合した。その時に社是「程」を制定している。現在の当社会社案内の資料によれば、社是「程」は、「身の程を知って、事にあたる。一見、企業人としては控えめとも思わ

図7-4　社是「程」（本社前）

れる『程』という一文字を社是としました。分をわきまえながら、社会に認められる業績を積むことは、しっかりとした自己をもっていればこそ成し得ること。社員すべてに、人として実りある道を歩んでもらいたいと願う経営者の思いをこの一文字に込めました」とある。

当社は1971（昭和46）年、本社・工場を片島工場に移転・統合し、翌年、旧本社跡を活用した「カモ井モータープール[1]」の営業を開始した。粘着テープの事業は、経済の発展とともに展開していきながら汎用テープをはじめ、取引先の要望に応じて多くの種類のテープの製造を行うようになっていた。

2．第2の転機

1981年から発売開始されたシーリング用マスキングテープもその1つだった。シーリングとは、建築工事の現場において、シーリング剤とよばれる接着剤でパネルとパネルの隙間を埋める作業のことである。シーリングには、防水や緩衝の目的もある。このシーリング剤はパテのようなもので、そのまま隙間を塗るとパネルを汚してしまう可能性がある。そこでパネルを保護し仕上がりを美しく保つためにマスキングを行うことになる。この時に使用されるのがマスキングテープである。あらかじめマスキングテープでパネルを覆い、その上からシーリング剤（接着剤）を塗り、乾いた後マスキングテープを剥がせば、パネルはもちろん、シーリング剤とパネルの境目まで美しく保たれるという訳である。

このシーリング用マスキングテープの用途を説明するのは簡単だが、実際に開発・生産となると一筋縄ではいかない。シーリング剤と、テープに使う材料の相性の問題で、シーリングがうまくできないといった問題が発生し、出荷した商品がそのまま返品されることもあったという。原料選びにも、シーリング剤との相性といった化学的な知識が求められるのである。

図7-5　シーリング用マスキングテープ

またマスキングという作業は接着とは違い、貼った後、剥がすという作業があるため、「しっかりと張り付く」けれど「跡形もなくきれいにすばやく剥がせる」ことが求められる。さらに作業性を重視する現場の職人の要望としては、「少々引っ張った位で切れては困る」けれど「いちいち道具で切っていては作業が遅くなるので、指で切れるようにして欲しい」という意見や、「まっすぐな直線が引けなければ使いものにならない」が、「曲線部分も美しく仕上げたい」といった意見が出るなど、相反する条件が次々に求められる。その上、作業現場は屋外の場合が多く、温度・湿度・紫外線などの影響も考慮する必要があるため、その課題解決とも言える製品開発は一朝一夕にはいかない。

当社はもともとハエ取り紙で培った粘着技術を持っていたが、マスキングテープへの複雑なニーズをはじめから知っていたわけではなかった。これらの相反するニーズは、開発担当者、営業担当者が積極的に建設現場に入っていって収集してきたものである。現場のシーリング職人の方の生の声を聞き出すために、職人同様にヘルメットをかぶり、時には高層ビルに上って、当社のマスキングテープの評価を仰ぐのである。

現場の声を積極的に聞く姿勢の成果は着実に現れた。日経ビジネス（前出）の記事で、1991年に竣工した東京都庁にも上ったことのある開発部長の生水氏の「職人へのきめ細かいサービスがシェアトップになった理由ではないだろうか」というコメントを紹介しているように、トップシェアを誇るまでに成長していたのである。実際にシーリング用マスキングテープ市場において、当社のマスキングテープのシェアは、約9割（最盛期）であった。鴨井社長によると、「現在の標準的なシーリングテープの色が青色である理由は、弊社のテープの色が青色だったから」だそうだ。当時は白・茶等、現場で目立たないテープが主流だったが、現場で目立つ青色のテープを用いると、作業の進捗が一目瞭然であった。さらに色の変化でシーリング剤の乾き具合がわかるといった性質も持っていたため職人に支持されていった。当時、現場では「カモ井加工紙（のテープ）」は知らなくても「青いテープ」と呼ばれ、職人から指名買いされる程の人気ぶりだったという。さらに、その用途が建築の現場に限らず車両塗装や木工塗装の現場にも拡大していったことや、バブル経済による建築市場の

活況などが、当社のマスキングテープ事業の追い風になった。1991（平成 2）年には、本社・工場のある倉敷市の近隣、小田郡矢掛町に矢掛工場を竣工した。

一方、かつての当社の主力事業であるリボンハイトリ紙の製造は、1988年にタイ国に設立した「タイカモカンパニー」にすべて移管され、1989（平成元）年から本稼働に入っている。

第 4 節　3 代目社長の新たな取組み

1．3 代目の想い

鴨井社長が 3 代目社長に就任したのは、1995（平成 7）年のことである。当時は、今まで追い風だったバブル経済が崩壊し、建築市場は大幅に縮小していたし、住友スリーエム、ニチバンといった競合も当社の躍進を、指をくわえてみているはずはなく、競争は激化していた。そんな中での新社長の舵取りは注目されないわけはなかった。

鴨井社長は社長就任当時を振り返り「社長になった時は、みんなから、初代は『ハイトリ紙』、2 代目は『テープ』、3 代目は何を作るのかって、言われました」と述べている。鴨井社長は、営業や総務の経験はあるが、もともと技術畑を歩んでいたわけではなく、社長就任当時は、自社の現場のことはよく分からなかったし、現場もよそよそしい態度だった。しかし鴨井社長によると「分からないことを素直に現場の人に聞くようになると、現場のみんなに受け入れてもらえるようになった」と述べている。

「社長就任当初は、悩みました。新しいモノを作ることを期待されていましたから。でもある時から、新しいモノを作るのではなく、新しい経営の考え方・方法でも、いいのかなって、考えるようになりました」と現在の鴨井社長は語る。その手

デコレーションされた
100円ライター

元には、当社の新商品『mt』できれいにデコレーションされた100円ライターがしっかりと握られていた。

2. 『mt』誕生

2006（平成18）年、1通のメールが、当社ホームページに届いた。マスキングテープが好きで、マスキングテープのミニ本を作ったという東京の消費者からのメールで、工場見学をさせて欲しいという依頼だった。当社は「一般のお客様からの唐突なメールに、どうお返事を差し上げればよいかわかりませんでした」と言うように戸惑ったが、工場見学の依頼を受けることにした。工場見学の後に見学に参加した一般ユーザーからの出された、色や素材への注文に応える形で、『mt』は製品化されていったのである[2]。産業用のマスキングテープが、ユーザーからの要望に応える形で、別の用途に使われるまったく違う商品に生まれ変わったのである。

カモ井加工紙株式会社が、『mt』に関する情報発信のために運営しているホームページ上にある「mt誕生ストーリー」を以下に紹介する。

〈資料〉『mt』誕生ストーリー
第1話　1通のメールからのはじまり
　　2006年、夏のある日、カモ井加工紙のHPに1通のメールが届きました。「自分たちはマスキングテープが大好きで、マスキングテープのミニ本をつくりました。第2弾も考えているので工場を見学させてほしい。」という内容。私たちが扱っている「マスキングテープ」は、工事現場などで使われる業者様御用達の作業用ツール。一般のお客様と直接関わりを持つ事はほとんどないため、一般のお客様からの唐突なメールに、どうお返事を差し上げればよいか分かりませんでした。
第2話　すてきなリトルプレスとの出会い
　　不思議なメールの対応にまだ困っていたとき、メールの差出人からマスキングテープの"ミニ本"が届けられました。カラフルなテープを使ったコラージュや写真、マスキングテープ＝作業用品という概念を取り払う素敵なデザイン。その予想外な使い方と丁寧に手作りされた装丁に衝撃を受けました。
　　毎日取り扱い人一倍愛着のある商品が、こんなにカラフルでかわいい本になるなんて！
　　梱包していた封筒のコラージュ方法もはじめて目にしたものでした。

第3話　東京からはじめての工場見学
　東京からはるばる倉敷へ来られた3人の女性は、東京で「ROBAROBA café」というギャラリーカフェを営むいのまたさん、コラージュ作家のオギハラさん、グラフィックデザイナーの辻本さん。
　原料となるゴムやそれを練っていく工程、和紙にのりを塗布する作業や長い紙管（芯）がカットされるシーンなど、いつもどおりの工程にも感激の声が。私たちの作る商品にこんなにも興味を持ってくれる人たちがいることがとてもうれしかったことを覚えています。

第4話　マスキングテープが主役になった日
　そして3人から「新しいカラーのマスキングテープをつくってほしい」とのリクエストがあり、後日17人のアーティストによる作品が盛り込まれた第2弾のミニ本と寝食のイメージが届きました。それにともない作品展が開催され、倉敷でも開催されることが決定。作品展の主役は私たちのマスキングテープ。その商品が地元で作られるということでケーブルTVも取材にやってきました。かわいさと機能性を併せ持つ"雑貨"として、新しいマスキングテープの開発が背中を押されるようにして始まりました。

第5話　和紙の描き出す、美しい色彩への挑戦
　3人の意見を元に決定した全20色は、素材である和紙の特性を活かした淡いカラー10色と明るくて優しい色合いのパステルカラー10色で、どれも微妙なニュアンスのカラーリング。和紙は色が沈み易く、季節や温度によっても変化するためなかなか思う色が出せません。こんな繊細な色ははじめてのこと。真剣だからこそ妥協は許されない。「新しいマスキングテープ」に寄せられる期待に真心で応えたい…。そんな気持ちが私たちを突き動かしたのです。

第6話　いよいよ新しいマスキングテープの印刷へ。
　マスキングテープの原料はロール状の和紙。1色につきロール8000本分を一度に印刷します。何度もやり直しを繰り返しながら作業は夜通し行われ、結局すべての色がすり終わったのは48時間後。色チェックを担当した社員は、これまでの産業用とは違うオリジナルのものをつくろうと一致団結した日々を思い、工場内から一歩も出ずに機械のそばで見守りました。本社工場へ運ばれ、早速製品化されたカラフルなマスキングテープはお花畑のようで、女性スタッフから歓声があがりました。

第7話　パッケージ＆パンフレットができるまで
　普段社内ではマスキングテープはmt（エムティー）と呼んでいて、偶然にも、3人も同じ呼び方をしていたことから、商品名に決定。色も萌黄（もえぎ）、薄藤（うすふじ）、銀鼠（ぎんねず）など、日本の伝統色からセレクトした古風な呼び方に。
　実際の売り場をイメージし、手に取るお客様を創造しながら「壁に吊る方がい

い？」「袋につめよう」「全色セットにすべき？」とパッケージにもこだわりました。パンフレットも思わずとっておきたくなるようなデザインです。

第8話　mtが雑貨の世界へデビュー！

　少しずつ雑貨屋さんやインターネットを通じて販売をスタートした「mt」。雑貨の専門誌「雑貨カタログ」では作品展の様子等も紹介され、大きな反響をいただきました。その後も注目される毎に、製造にかかわる社員の意識が変わってきました。これまでの「作業用品」としてではなく、こんなに素敵な商品を作っているんだと言う自信が芽生え、オリジナル柄のオーダーもいただくなど、マスキングテープの可能性がますますひろがることをとても嬉しく感じました。

最終話　『mt』誕生に関わっていただいたすべての皆さまへ

　マスキングテープは、業務用品としてなくてはならない必需品でしたが、その作業用ツールに雑貨という新たな活躍の場を与えてくれたのが、今回のプロジェクトでした。きっかけを与えてくださった3人をはじめ、展示会ですばらしい作品を披露してくれた作家の方々、そして「mt」を手にされたお客様。誕生に関わっていただいたすべての皆様には、本当に感謝の気持ちでいっぱいです。この思いを胸に、私たちはこれからも皆様に愛される「mt」をお届け致します。

◆設問

1. ハエ取り紙市場でシェアNo.1だった当社が、マスキングテープ事業に進出したのは、なぜでしょうか。
2. マスキングテープ市場で、シェアNo.1となった要因は何でしょうか。
3. 『mt』事業は、従来のマスキングテープ事業と何が同じで、何が違うでしょうか。

注

1) モータープールとは駐車場のことである。なお、現在は「カモ井パーキング」に改名している。

2) 詳細は　＜資料＞　『mt』誕生　を参照

参考文献

日経ビジネス（2002年7月15日）
カモ井加工紙ホームページ
http://www.masking-tape.jp/story/　より取得。

第8章 ダイヤ工業株式会社
―中小製造業のユニークな事業システム―

松田周司

第1節　医療用品の通信販売で大躍進

　医療用品の通信販売で大活躍を遂げている中小製造業が岡山市に本社を置くダイヤ工業株式会社である。接骨院・整骨院向けに通信販売で、医療用品を提供するというユニークな事業システムの当社の概要は次の通り[1]である。

　■ダイヤ工業株式会社の会社概要
　　□設立：昭和38年4月
　　□資本金：1,000万円
　　□代表者：代表取締役　松尾正男
　　□従業員数：59名
　　□売上高：25億7,100万円（平成21年3月実績）
　　□事業内容：医療用品メーカー
　　□営業品目：コルセット、サポーター、その他の衛生材料全般

　平成15年4月に完成したダイヤ工業株式会社（以下、ダイヤ工業）のカスタマーサービスセンター（以下、CSセンター）では、約15名のオペレーター

がパソコンモニターを前にして、電話の応対に追われている。日本全国の接骨院・整骨院の約2分の1にあたる1万5,000件の顧客からの注文が、電話で寄せられているのだ。

　注文の内容は、接骨院・整骨院が患者に処方するコルセット、サポーター等を中心に、シップ、テープ類、院内備品にいたるまで非常に幅広い。これら幅広い商品構成の中で同社が製造するのは、コルセット、サポーターのように縫製・裁断技術を使って作られる商品であり、その他は他社からの仕入れ商品である。松尾社長によると、仕入れ商品の売上高に占める割合は、約50%である。

　これらの注文はコンピュータで処理され、約20名のスタッフで構成される生産部門によって生産され発送が行われる。また、接骨院・整骨院からは、製品の注文とは別に各患者の症状に対応した製品ついての相談も多く寄せられる。この相談には開発部門が応対し、長年培ってきた縫製・裁断技術と、開発部門の6名による絶え間ない研究開発の成果によって、オーダーメイド商品として提供される。その技術力・開発力は、同社商品の愛用者にプロ・バレーボール選手や大相撲の力士が含まれることからもうかがわれる。

　患者、接骨院・整骨院、同社の間での、製品・サービスおよび情報の流れは、概ね以下の通りである。これらを図示したものが図8-1である。

(1) 接骨院・整骨院は、診察・施術によって、患者の病状・ニーズを把握する（図8-1 ②、③）。
(2) 接骨院・整骨院は、把握した病状・ニーズに応じた製品を、ダイヤ工業に発注する。また製品の改良要求を出すこともある（図8-1 ④）。
(3) ダイヤ工業は、接骨院・整骨院が発注しやすくするために、製品情報（カタログ）を接骨院・整骨院に提供する（図8-1 ①）。
(4) ダイヤ工業は発注に応じて製品を発送する（図8-2 ⑤）。自社製品以外のものは、他社（メーカー）から仕入れる（図8-1 ⑧、⑨）。
(5) その製品を接骨院・整骨院は患者に提供する（図8-1 ⑥）。

　このようにダイヤ工業は、コルセット、サポーターをメインとした医療用品の開発から製造、販売まで一貫体制を整え、全国の接骨院・整骨院向けの通信販売によって業績をのばし続けている。平成18年3月現在、資本金は1,000

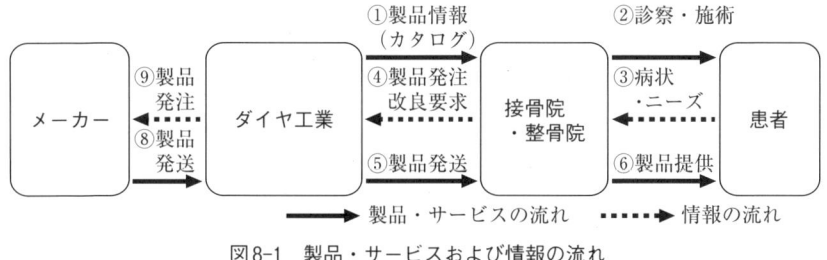

図8-1　製品・サービスおよび情報の流れ

万円、従業員数は50名である。売上高は増加トレンドであり、その躍進ぶりは目覚ましい。バブル崩壊後、"失われた10年"といわれる中、ダイヤ工業はどのようにして大躍進を遂げたのだろうか。

第2節　現在の競争状況

　コルセット等医療品を製造・販売しているダイヤ工業は、「接骨院・整骨院向けの製品」業界に属している。この業界の既存企業とは、商社と、ダイヤ工業のように販売まで行うメーカーである。さらに商社は、医療用品全般を扱う商社と、接骨院・整骨院に特化した商社に分けられる。商社、メーカーともに同業者は多い。販売まで行うメーカーの中には、接骨院・整骨院だけに特化したメーカーがあるが、零細規模である。商社にはダイヤ工業同様に通信販売を行う企業と、従来からの流通チャネルを利用する企業がある。

　「接骨院・整骨院」市場に特化してる企業の中で、売上規模が大きいのは、ダイヤ工業を含む4社であり、これらの企業の年間売上高は15億円から20億円程度である。ダイヤ工業以外の3社は、すべて通信販売を行う商社である。

　顧客である接骨院・整骨院の動向をみると、柔道整復師が毎年5,000人誕生し、接骨院が毎年1割ずつ増えている。これは平成12年の規制緩和によって柔道整復師の養成学校が14～60校に増加したことが要因の1つである。一見業界が成長しているように見えるが、実際は市場全体のパイの成長は遅く、接骨院1件当たりの顧客数が減っている。

当業界へ新規参入を試みているのは、アスクルやミスミのような通信販売の仕組みを持つ大企業と、その他である。通信販売の仕組みを持つ大企業は、この仕組みを活用することで、流通チャネルを確保しやすい。なお、販売に関する関係省庁の許認可等は不要である。

　当業界の買い手（顧客）は、接骨院・整骨院である。ダイヤ工業の製品は、これらの買い手にとってコスト要因である。また、ダイヤ工業から他へスイッチするコストは低い。しかも買い手は十分な情報をもっている。

　当業界への売り手とは、シップ剤などの接骨院・整骨院向けの治療材料のメーカー、素材メーカーである。どちらのメーカーも、接骨院・整骨院専用の商品を提供しているケースは少なく、ほとんどが整形外科等医療機関向けの商品並びに薬局等の小売り向けの商品と共通である。推定市場規模が約100億円程度と比較的小さな市場である「接骨院・整骨院向けの製品」業界に限定して考えると、当該業界は売り手にとってそれほど重要な業界ではない。

第3節　医療用品業界進出のきっかけ

　ダイヤ工業はダイヤ・ゴム工業株式会社として昭和38年に前社長が創業した。当時の事業内容は、イ草のサンダル製造および輸出であった。このサンダルはハワイで流行していた。創業3年目の昭和40年頃から革のサンダルや財布、袋物などを生産するようになり社名を現在のダイヤ工業株式会社へと改め、裁断・縫製技術を核に事業を展開していった。

　革小物、袋物などの生産を続ける中、昭和54年、岡山市に本社を置く医療機器の製造販売会社から、ある引き合いがあった。この医療機器の販売製造会社の製造する牽引機器用の牽引装具の製造ができないかというものであった。牽引装具には強度の強い革が使われる。この革の縫製は非常に困難であり、高い縫製技術をもつダイヤ工業に白羽の矢が立ったのである。同年、この医療機器製造販売会社との取引が開始され、医療用品の一部を下請け業者として生産することとなった。

下請け生産を続ける中、昭和59年に、ダイヤ工業が自社でコルセットを開発し、本格的に医療用品分野に進出することになった。コルセットの開発に取り組んだのは、松尾社長の親類が持っていたオーダーメイドのコルセットが「痛くて使いにくい」とこぼしていたのがきっかけであった。同社にとって、裁断・縫製技術はお手のものである。また医療機器製造販売会社との取引経験から医療用品に対して参入が困難であるという先入観はなかった。単に固定するという機能だけでなく、長時間着用できるなど使用者の身になった腰部コルセットの開発に取り組み、そして商品化を果たしたのであった。開発の段階では、単なる縫製メーカーだったダイヤ工業には、コルセットに関する知識はなかった。不足する知識は、知り合いの接骨院の意見で補いながら開発に当たった。このコルセットの商品化を契機に、下請けからの脱却、および医療用品分野での事業の確立を目指すこととなった。

第4節　販売ルートの確立

　ダイヤ工業は、革小物等の生産を行っていた時に、国内百貨店を顧客として事業を行った経験がある。しかしその後下請けとしての生産を続けており、商品の流通チャネルの開拓・維持管理という点でのノウハウは乏しかった。開発したコルセットをひっさげ、いざ販売しようとしてもなかなか思うようには売れなかったのである。

　昭和59年にコルセットの販売を始めてから約3年間は、まず薬局ルートでの販売を試みた。当時の一般的なコルセットの流通経路は図8-2の通りであった。ダイヤ工業でも、この一般的な流通チャネルを承知しており「医療用品を売るなら薬局だろう」との考えから、「薬局」経路で、自社のコルセットを患者へ流通させることにした。ただしダイヤ工業は、卸売業者を通すことによって利益率が低下することを嫌い、卸売業者を通さなかった。

　ダイヤ工業は、当初、卸売業者を通さず、直接薬局でコルセットを販売してもらうような仕組みで事業を展開した。しかし思うように売上げは上がらな

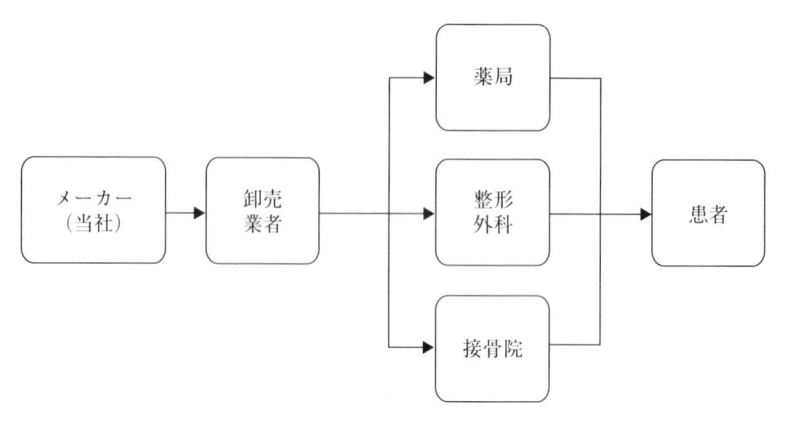

図8-2　一般的なコルセットの流通経路
出所：筆者作成

かった。まず、取り扱ってくれる薬局を探すことが困難であった。医療用品を生産していたとはいえ、所詮下請けでありネームバリューはまったくない。「ダイヤ工業」のコルセットといっても店頭に置いてもらえないという現実があった。また仮に店頭に並ぶことがあっても、ダイヤ工業のコルセットとは機能が劣る商品との価格競争や、返品制度による不良在庫の発生など、当社の業績向上を阻む要因が多数存在していた。

「当たり前」と思っていた薬局という販売ルートでは労が多いだけでうまみが少ないことが、徐々にわかってきた。また整形外科ルートは、医療用品の商社の営業担当者が「ご用聞き」のように営業活動でまわっており、営業力の乏しいダイヤ工業にとって参入するのは困難であった。何か他のルートはないかと考え行動した末の答えが「接骨院・整骨院」であった。松尾社長によると、腰部コルセットの販売量の過半数は薬局等で扱われており、接骨院・整骨院で扱われている割合は約17％にすぎないという。しかし、その「接骨院・整骨院」という販売ルートを選んだのである。当ルートは、薬局や整形外科からは、あまり相手にされなかったダイヤ工業が、唯一良好な関係を築いていたルートであった。このルートが選ばれた理由は、最初にコルセットを開発する時から、意見を聞くなどの過程を経ており、接骨院との関係が深かったからである。ダイヤ工業がとった流通経路は図8-3の通りである。

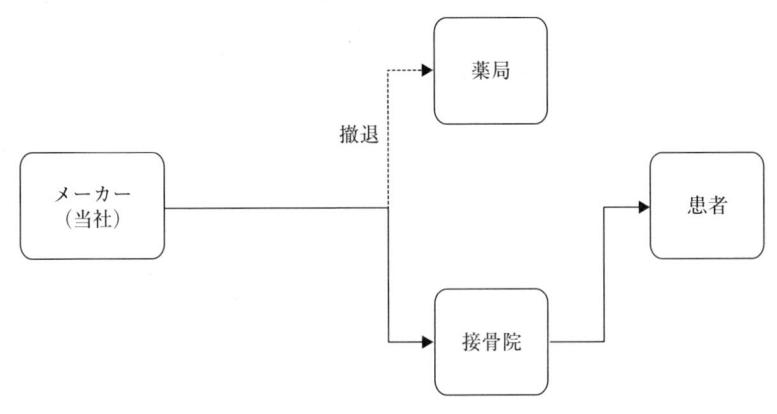

図8-3 ダイヤ工業が選択した流通経路
出所：筆者作成

　この流通経路は卸売業者を介さない直接販売のため、流通コストが削減でき、接骨院・整骨院に対して、他社との価格の差別化が可能になっている。接骨院によれば、「他社よりダイヤ工業の方が、若干安いかなぁ…」ということであり、価格での差別化が図れていることがうかがわれる。

　ダイヤ工業は、当初計画した薬局ではなく、たまたまつきあいの深かった接骨院・整骨院ルートでの販売を開始した。全国の接骨院・整骨院をターゲットにDMを発送し、自社商品のPRを始めた。当時としては斬新なイラスト入りのDMがウケて、接骨院・整骨院から注文が次第に入るようになった。

　ダイヤ工業の生産するコルセットは、単に固定するだけでなく使用感などに配慮したものであり、他社の商品とは違うものであった。しかしコルセットのような商品は、薬局の店頭におかれているだけではその違いはわかりにくく、値段の違いも消費者には理解しにくいものである。このため薬局での販売は、価格競争となり苦戦を強いられていた。また、取り扱う薬局もメーカーをネームバリューで判断することしかできず、商品本来の機能で取り扱いを決めることは少なかった。ダイヤ工業のコルセットは、固定するというコルセットの基本機能に加えて、長時間着用しても痛くならないといった日常生活での装着感にもこだわって作られていたし、患者の回復（悪化）の段階ごとにフィットした商品づくりを行っていた。しかし、それらの機能・特徴を、薬局では認め

てもらうことはできなかった。しかしコルセットを処方する接骨院・整骨院は違っていた。しっかりと機能で判断し、ダイヤ工業のコルセットは認められたのである。接骨院・整骨院に認められるようになると、消費者の同社コルセットに対する対応も当然変化してきた。機能等コルセットに関する知識がまったくない状況で訳もわからず薬局に行けば、コルセットの選択は値段に依存せざるを得ない。しかし身体の専門家でありコルセット等の機能を十分理解している接骨院・整骨院が勧めるコルセットとなれば、値段は後回しにしても買い求めたくなるものである。

「腰痛に悩む患者さんの大半は、素人判断でコルセットを購入しているのが現状です。我が社の役割は先生方が患者さんの症状や日常生活動作等を考慮した最適なコルセットを処方して頂くことを、お手伝いすることです。そのために豊富なコルセットを提供していますし、今後も創造し続けたい」と、松尾正男社長は述べている。

一方、整骨院では、患者の症状は日々変化しており、その回復（または悪化）の状況に応じたコルセットが必要であるらしい。一度コルセットを処方したら、それだけでは済まないのが現状である。しかし、従来のコルセットではきめ細かい対応はなされていなかった。整骨院からは、「ダイヤ工業の製品は、同じ部位のコルセットでも症状に応じたものが選べるよう種類が豊富なので、患者さんにぴったりのものが処方できるから使いやすい」との意見があった。また「症状に応じてコルセットを処方できるということは、一人の患者に対して複数のコルセットを処方することにつながり、整骨院・接骨院の経営面からみてもありがたい」との意見もあった。

第5節　通信販売の開始

販売ルートの選択で紆余曲折があったものの、なんとか接骨院・整骨院ルートに可能性を見いだした当社は、昭和62年以降、本格的に接骨院・整骨院向けに営業活動を行っていった。昭和59年に薬局でコルセットの販売を開始し

てから接骨院・整骨院ルートを選択するまで約3年間かかったことになる。62年以降は、接骨院・整骨院ルートのみの営業に絞り込んでいる。

　接骨院・整骨院への営業活動は、全国へのDM発送と平行して、昭和62年以降、前社長と現在の松尾正男社長の2人が営業担当として、接骨院・整骨院を回っていた。その営業活動として接骨院・整骨院と話しをしていく中で、取扱商品に関して、コルセット・サポーター等、当社が製造できる商品だけを扱うというメーカーサイドの発想ではなく、顧客サイドに立って、シップ、テープ類、院内備品等、接骨院・整骨院に必要な材料の多くを提供しようという発想が生まれてきた。この発想は実行に移され当社の商品ラインナップは充実し、接骨院・整骨院ルートの営業開始後、約3年が経過した平成2年頃までに、現在の商品ラインナップの原型が完成した。そのラインナップは、接骨院・整骨院のための"ワンストップ・ショッピング・サービス"を提供するものであった。当然、すべての製品を自社で生産するのは不可能である。したがって、自社の強みである縫製技術を活かした製品のみを自社生産し、その他は、他メーカーから仕入れて販売する商社機能を持つことになった。その結果、自社製品の割合は事業開始当初100%であったが、現在、50%程度となり、仕入れ商品の割合は徐々に高まっていった。

　商品ラインナップの充実とともに売上高は、平成元年には年商1億円超、平成3年には2億円超と目覚ましい勢いで増加していった。前社長と現在の社長の2人の営業だけでは、担当できる整骨院・接骨院の数には限界がある。そこで接骨院・整骨院が多数集まる学会等へ出かけていって営業活動を行った。また当初から行っているDM・カタログ発送も継続していた。これらの活動の結果、営業担当者が直接受注するだけでなく、接骨院・整骨院が、カタログをみて電話等で注文をしてくるケースが増えてきた。ダイヤ工業は、この動きに対応して、通信販売という販売方法を模索していった。

　通信販売という販売方法は、計画的に選択されたものではなく、乏しい営業力を補うために選択されたものである。この決定は、チャネルの選択同様、活動の中で得た知見から導き出されたものであった。

　平成8年、社長が現在の松尾正男社長に交代したのを機に、当社では「第

2創業」と位置づけ、通信販売に必要な人材を揃え、本格的に通信販売を開始した。その流れは次のようなものである（図8-4参照）。①ダイヤ工業からDMやカタログを発送する。②接骨院・整骨院は、ダイヤ工業から送付されたDM・カタログを見て、自らの患者に最適な商品を選び注文する。③そして幾分かのマージンをのせ患者に提供する。④患者は、薬局等で訳もわからないまま購入したコルセットよりも機能的な商品を得て、さらにその使用方法まで得られ快方に向かう。⑤そして接骨院・整骨院の評判もあがる。⑥接骨院・整骨院のダイヤ工業に対する信頼度も向上し、ダイヤ工業への注文が増加する。また製品改良の要求を出すようになる。

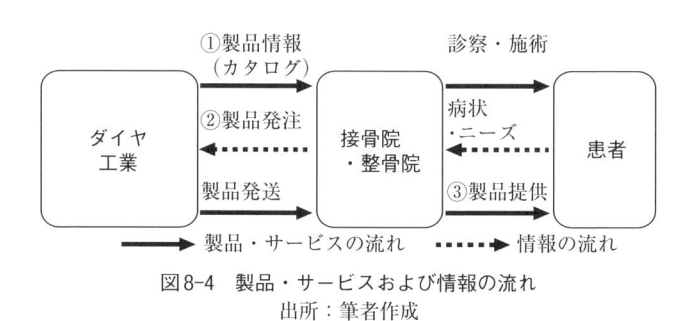

図8-4　製品・サービスおよび情報の流れ
出所：筆者作成

本格的な通信販売の開始によって、平成8年以降、さらなる発展を遂げることとなった。

顧客を接骨院・整骨院に限定すると、狭い地元地域ではその数は限られてしまうため、企業存続に十分な数量の販売が見込めない。そこでダイヤ工業は、売上げ獲得のために、日本全国の接骨院・整骨院をターゲットとするべく、販売対象エリアを拡大した。しかし営業担当者を持たないダイヤ工業にとって、一般的な人的販売では全国エリアに対応することは難しかった。そこで、必然的に通信販売という販売方法を採用することになった。また、通信販売は、顧客側からみても都合の良い販売方法であった。

なぜなら接骨院の先生は、「ご用聞き」のように営業担当者が訪問して受注するという医療業界の営業に対して、心理的負担を感じることが少なくないか

らである。

　通常、接骨院・整骨院では、ダイヤ工業が提供するコルセット・サポーターをはじめとする治療材料を、商社の営業担当者による訪問販売を通して、仕入れている。接骨院・整骨院の先生は、柔道整復師であり、外科手術や投薬などは当然できない。もともと多くの治療材料を必要としないため、訪問販売に訪れる営業担当者に発注する治療材料の数、金額は、比較的少量である。また、頻繁に訪問されると発注する必要がないこともある。接骨院・整骨院は、小規模なところが多く、そこの先生が、直接営業担当者に発注するため、頻繁な訪問営業、少額の発注、少ない発注頻度などは、先生の心理的負担となっていたのである。

　通信販売は、直接営業担当者と顔を合わせることがなく、発注しなくても、また発注数量・金額が少なくても気を遣うことはない。したがって、通信販売は、この心理的負担から接骨院・整骨院を解放したのである。しかしすべてがうまくいくわけではない。対面販売でない方法は、頻繁な訪問営業から得られる業界情報や商品情報などさまざまな情報の入手が困難になるというデメリットも持っている。

第6節　「通心販売」を目指して

　平成2年以降、ダイヤ工業は、コルセット、サポーターをメインとした医療用品等の開発から製造、販売まで一貫体制を整え、平成8年以降は、全国の接骨院・整骨院向けの通信販売を行うという現在の事業形態を確立した。接骨院・整骨院のお手伝いをするという考えも定着し、情報誌を2か月に1度の割合で発行するようになった。通信販売というと一方通行のコミュニケーションであり、つい販売サイドの都合で情報提供してしまいがちである。しかし同社は接骨院・整骨院の繁栄を第1に考えており、情報誌の紙面には、商品情報の提供だけでなく接骨院・整骨院の経営の役に立つような情報を載せるよう工夫していた。例えば、よその接骨院の間取りを紹介する記事等はなかなか好評を

得ていた。

　また通信販売といっても、注文を受け付けるだけではなくさまざまな相談も多く寄せられる。当社は、「通心販売」をモットーに、患者にピッタリの商品を処方したいという接骨院・整骨院の声に応えるべく、オーダーメイド商品の開発も行っている。当該商品の開発では、接骨院・整骨院との話し合いから、社長をはじめ開発部門の社員が納得がいくまで知恵を絞り、自らミシンを踏む。

　さらに、顧客満足の追求のため平成12年にCTI[2]のシステムを導入した。ダイヤ工業あてに注文や問い合わせなどの電話が入ると、自動的にオペレーターのパソコンにユーザー情報が表示されるシステムである。このシステムによって、注文等の電話を受けると即座に顧客データが画面に表示され購買履歴や応答履歴等を把握することができ、誰が電話をとっても的確で迅速な応対が可能になった。平成15年4月には顧客とのコミュニケーションをより強化するために、敷地面積1,700平方メートルのCSセンターも開設し15名のオペレーターを配置している。

　これらの努力の成果からか、整骨院・接骨院から「ダイヤ工業は、使い勝手が良い」と高評価を得ている。ダイヤ工業による医療用品等の通信販売事業は大きく成長している。松尾正男社長は、今までの事業展開を振り返るとともに、今後の会社の発展に想いを巡らせていた。

◆設問
1. ダイヤ工業とその関係者（接骨院・整骨院、患者）は、ダイヤ工業の事業によって何を得ていますか。
2. ダイヤ工業の成長要因は何だと考えますか。
3. ダイヤ工業が、現在抱える課題は何だと、あなたは考えますか。
4. その課題を解決するために、あなたが松尾社長だったらどうしますか。

注

1) 平成22年3月14日　ダイヤ工業株式会社ホームページ（http://www.daiyak.co.jp/）より取得
2) Computer Telephony Integration の略で、電話やFAXをコンピュータシステムに統合する技術のこと。サポートセンター、お客様相談室など、顧客に電話で応対するコールセンター業務に広く利用されている。最近では顧客データベースと連携したシステムが増えており、顧客のプロフィールや過去の応対履歴、購入履歴などを参照しながら的確なサポートを提供することができるようになっている。

付　記

　本ケースは、松田周司が、岡山大学文化科学研究科博士前期課程（MBAコース）において、同大学院　榎本悟　教授の指導のもとで作成した修士論文の一部であり（2007年3月）、セミナー用として同大学院　矢吹雄平　准教授　監修のもとケース化したものである（議論の材料となるクエスチョンの設定および議論に必要な解説等、ケースリードの構成に関する監修も含む）。

参考文献

(社) 中小企業診断協会岡山県支部『地元企業に学ぶ経営革新』、吉備人出版、2005年

第9章 ケース・メソッドによるセミナー

松田周司

第1節　はじめに

1. 本章の意義

　ケースは読み終わった時に「なるほど、そうなっているのか」と感じることは少なく、読み物としてもちっとも面白くない。それもそのはずで、ケースはフィルターがかかっているにしても、基本的には「事実」のみの羅列になっているため、第1章でも触れられている通り「ケース・メソッド」として教育利用されてこそ、その真価を発揮するものである。

　「何をどうすればいいの？」に応えるために、本章ではケース・メソッドの一端を示すことを試みる。ディスカッションによって進められる教育方法なので、書面上でライブ感覚を表現することは困難であるが、参加者の思考を深めるための質問（ディスカッション・クエスチョン：DQ）を示し、それに対する議論等を示すことで、ディスカッションの流れを表現していくことにする。

　このディスカッションの流れは、ケースをリードする立場の者にとっては、ティーチング・ノートとして活用できるだろうし、参加する立場の者にとっては、ディスカッション前に個人で取り組むケース分析の参考として活用でき

ると考える。

2. 本章で取り上げるケース

　取り上げるのは、ケース『ダイヤ工業株式会社』である。本ケースは、筆者の修士論文の一部をもとに、セミナー用として岡山大学大学院 矢吹雄平 准教授 監修のもとにケース化されたものである。本ケースを題材として、地元企業の幹部を対象にしたセミナーを開催した際、同氏には、議論の材料となるクエスチョンの設定及び議論に必要な解説等、ケースリードに関する監修も頂いている。

　本ケースは、中小製造業が試行錯誤を繰り返しながらニッチ市場を開拓し、その市場で好業績をあげている事例である。ダイヤ工業株式会社（以下、ダイヤ工業）は、一目しただけでは競合製品と差異がないコルセットやサポーターといった医療用品の製造・販売を行う中で、事業の仕組みを通じて違いを生み出して好業績を上げている中小製造業である。

　本ケースの読了後、一般的に生まれる問題意識は、このダイヤ工業の成功の裏に隠された秘訣はなんなのか、というものや、どのようにすれば、このように上手く事業展開できるのか、というものだろう。

　事業の仕組みによる差別化は、①目立たない、分かりにくい、②目立たない成功、③模倣しにくい、持続する、という特徴を持っている[1]ため、その好業績の秘訣もぼんやりとしか分からない。この「ぼんやり」とした好業績の秘訣を、明らかにしていくことは、「ものづくり」に専心している中小製造業が、持続的競争優位を確立する上で有益な知見になるはずである。

　したがって本ケースを使用する「ケース・メソッドによるセミナー」は、中小製造業者を対象に企画・実施されることが多い。受講者は、中堅クラスから経営者までと幅広いが、「戦略」や「マーケティング」等の基礎知識を持っている者は多くはない。また予習をする時間も限定的な（またはゼロの）受講者も少なくないため、いきなり白熱した議論が始まることは稀であり、まずはお互いの様子を見ながら、また、ケースそのものの内容を見るという状況がしばらく続くことになる。この辺の事情も踏まえて、講師はディスカッションを

リードしていく必要がある。例えばいきなり全体討議ではなく、グループワークで議論の下準備をするといった工夫をすることが必要である。
　それではディスカッションの流れをみることにしよう。

第2節　ケースの内容を整理する

1. 事業概要の把握

DQ1	ダイヤ工業とその関係者（接骨院・整骨院、患者）は、ダイヤ工業の事業によって何を得ていますか？

　最初に講師が提供するディスカッション・クエスチョン（DQ）は、「ダイヤ工業とその関係者（接骨院・整骨院、患者）は、ダイヤ工業の事業によって何を得ていますか？」というものである。これは若干複雑な製品の流れ、情報の流れを整理することを目的にしたものである。予習が不足している受講者は、ここでケースを懸命に読みながらその全体像を理解していくことになる。一般的な議論では、以下に示すような意見が出る（図9-1参照）。

〈一般的な意見〉
・ダイヤ工業が得るモノ：接骨院・整骨院からの信頼、製品開発のヒント、売上・利益
・接骨院・整骨院が得るモノ：マージン、自院の好評判、人的販売からの心理的解放
・患者：専門家の勧めによる心理的満足、症状緩和

　この議論を踏まえて講師はホワイトボードに、製品の流れ、情報の流れを、図9-1のように整理する。
　さらに全体の概要を把握するためにSWOT分析を議論することもある。SWOT分析は、企業の内部環境、外部環境それぞれについて、そのプラス面、

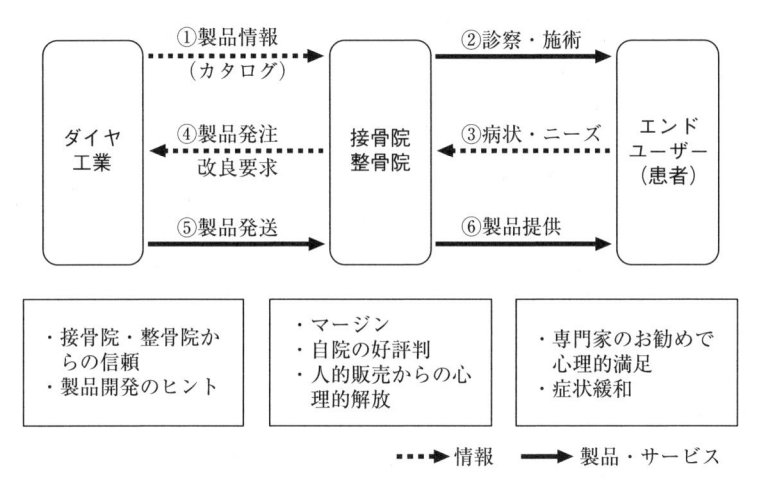

図9-1 製品・情報の流れと関係者が得られるモノ

図9-2 SWOT分析例

マイナス面を整理するという現状分析の定石のような手法であるが、参加者にとっては目新しいものである場合が多い。内部環境においては、強みとして「縫製技術」「CTI等のシステム」「学習能力の高い経営者」、弱みとして「営業力が乏しいこと」等が挙げられる。外部環境では「高齢化の進展」「大手企業の参入」等が一般的によく挙げられる（図9-2 SWOT分析例、参照）。

ここまで議論し、板書等で可視化することによって、受講者が、自身の問題

としてダイヤ工業の経営を考える準備が整うことになる。

2. 変化していくプロセスに着目した事業の整理

| DQ2 | ダイヤ工業の成長要因は何だと考えますか？ |

次のディスカッション・クエスチョンは、「ダイヤ工業の成長要因は何だと考えますか？」である。これはまさに誰もが最初から持つ問題意識そのもので、すぐ気の利いた答えがだせるものではない。一般的には次のような意見が多い。

〈一般的な意見〉
・縫製技術があったから
・CTI 等のシステム

前述の SWOT 分析によって整理された「強み」の部分を引用して「縫製技術があったから」「CTI 等のシステム」等と発言すれば、すぐに他の受講者または講師から次のような反撃を食らうはめになる。
・「競合も同様ではありませんか？」
・「技術だけあれば成長するのですか？」
・「その強みがどうして生まれたかが問題だ」

そこで講師は、もう少し詳細にダイヤ工業の事業をみるための方法として、①事業コンセプトの変遷、②顧客からの評価、③競合他社との関係、について検討することを提案し議論を導くことにする。

（1）事業コンセプトの変遷

| DQ3 | 「誰に」「何を」「いかに」の視点で、事業をみると、どのように整理できますか？ 時系列に並べてみましょう。 |

「誰に（who）」「何を（what）」「いかに（how）」で表される事業コンセプト[2]に着目して、再度、ダイヤ工業の事業展開を見直すことにする。ダイヤ工業は

「売り先」「品揃え」「売り方(提供方法)」のそれぞれを変化させながら現在に至っていることは、ケースを斜め読みしただけでわかる。それをきちんと整理してみようというわけだ。表9-1の表だけの(内容は記入されていない)シートを配布し、グループワークで整理することもある。グループワークは、大人数での議論には慣れていない参加者にとって、発言しやすい形式の進め方の一つである。

さて、時系列に事業コンセプトが変化する様子を整理すると表9-1のようになる。

表9-1　事業コンセプトの変遷

	昭和59年	昭和62年	平成2年	その後
誰に	薬局	接骨院・整骨院	接骨院・整骨院	接骨院・整骨院
何を	コルセット等 (薬局の商材)	コルセット等 (治療材料)	コルセット等 (治療材料)	コルセット等 (治療材料)
			医療用品全般	医療用品全般
いかに	人的営業	人的営業	人的営業	通信販売
	縫製技術	縫製技術	縫製技術	縫製技術
			商社機能追加	商社機能追加

事業コンセプトの変遷を、例えば表9-1のようなフレームワークを用いて可視化すると、受講者は成長要因として次の点を指摘するようになる。

〈一般的な意見〉
成長要因(仮説)
・「接骨院・整骨院」向けに変更したこと
・コルセット等に加え医療用品全般を取り扱うようになったこと、および商社機能を追加したこと
・通信販売を開始したこと

これらを裏付ける意味も込めて議論をすすめることにする。

（2）顧客からの評価

　ダイヤ工業を事業コンセプトの視点から整理した結果、いくつかの成功要因らしき仮説が生まれた。次に講師は、顧客の立場に立ってダイヤ工業を見てみるよう提案する。具体的には「顧客の『ダイヤ工業は使い勝手がいい』という言葉はどういう意味か？」を検討してみることにする。

DQ4	顧客の「ダイヤ工業は使い勝手がいい」という言葉はどういう意味ですか？

　顧客からの評価は、一般的に次の3点に集約できる。

〈一般的な意見〉
① ダイヤ工業が製造しているモノが「使い勝手がいい」
　ダイヤ工業が製造しているコルセット等は、性別、体型別はもちろん、その症状別にも品揃えされているため、症状が変化していく患者にとって、適切なコルセットが処方されるという意味でメリットがある。このことは整骨院へ信頼度が高まることに加えて、1人の患者に複数のコルセットを処方することによってマージンが得られるといったメリットもある。患者の症状緩和のためにも、自院の業績のためにも、使い勝手がいいのである。

② ダイヤ工業が扱う製品が「使い勝手がいい」
　比較的零細規模が多い接骨院・整骨院では、治療材料の手配等も施術を行う整体師が兼務している場合が多い。したがって1冊のカタログで必要なものがすべて注文できるワンストップ・ショッピング・サービスとも言えるダイヤ工業の扱う製品は「使い勝手がいい」わけである。

③ ダイヤ工業の販売方法が「使い勝手がいい」
　すでに見たように零細規模の接骨院・整骨院で使用する治療材料の数量・金額は少ないことが多い。接骨院・整骨院の先生の中には、少ない注文をわざわざ訪問してくる営業担当者に伝えるのは「心苦しい」という心理的負担を感じている方もいる。しかしダイヤ工業の通信販売ならその心理的負担から解放されるため「使い勝手がいい」わけである。

　事業コンセプトの変遷から得られた仮説は、顧客からの評価を対比させてみると（表9-2）、顧客から支持されていることがわかる。表9-1　事業コンセ

表9-2 成功要因（仮説）と顧客からの評価の対比

事業コンセプトからの成功要因（仮説）	顧客からの評価
「接骨院・整骨院」向けに変更したこと	ダイヤ工業が製造しているモノが「使い勝手がいい」
コルセット等に加え医療用品全般を取り扱うようになったこと、および商社機能を追加したこと	ダイヤ工業が扱う製品が「使い勝手がいい」
通信販売を開始したこと	ダイヤ工業の販売方法が「使い勝手がいい」

プトの変遷と、顧客ニーズへの対応が、見事にマッチしている様子が、ホワイトボードに浮き上がってくる瞬間である。

　ディスカッションも一区切りついたような雰囲気の中、講師は、表9-2 成功要因（仮説）と顧客からの評価の対比に注目しながら、さらに深く検討するよう促す。

| DQ5 | なぜ薬局ならダメで、接骨院・整骨院ならうまく事業展開できるのか？ |

　ディスカッション・クエスチョンは「なぜ薬局ならダメで、接骨院・整骨院ならうまく事業展開できるのか？」である。薬局にも接骨院・整骨院にも、人的販売によって同じコルセットを提供した結果、後者では活路が開けたのはなぜなのか。

　一般的には、次のような意見が出されることが多い。

〈一般的な意見〉
・接骨院・整骨院の先生はプロだから
・専門家のお墨付きが得られたから
・病院で勧められたら、文句一つ言わずに買うから

　参加者の表情は、分かっているけど、はっきりしないといった困惑したものになっているはずだ。この雰囲気を打破すべく、講師は消費者行動について解説をすることになる。

ここでは、消費者行動類型化のための概念として次のものを用いる。
・購買関与度：消費者の価値体系における当該購買の重要性
・製品判断力：自分のニーズと関連づけて処理する力

この2つを縦軸・横軸に用いてマトリクスを示すと次の図9-3ようになる。

それぞれの類型の特徴やマーケティング戦略をまとめると表9-3の通りである[3]。

表9-3を見ながら、コルセットを購入する時の消費者の行動を想像するように、参加者に促し意見を求めると、次のように、芋づる式にディスカッショ

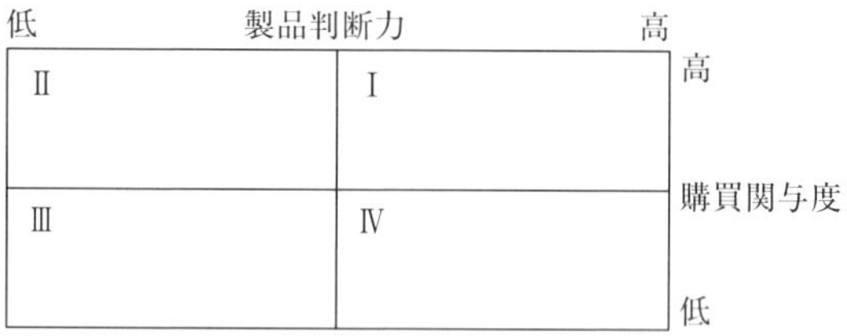

```
    低    製品判断力    高
   ┌──────┬──────┐
   │  Ⅱ   │  Ⅰ   │ 高
   ├──────┼──────┤
   │      │      │   購買関与度
   │  Ⅲ   │  Ⅳ   │
   └──────┴──────┘ 低
```

図9-3　消費者行動の類型

表9-3　消費者行動の類型の特徴、マーケティング戦略

類型	消費者行動の特徴	マーケティング戦略
Ⅰ	・製品間の差と価格差とを対応づけることが可能 ・形成した選考順位に執着	・バリュー・フォー・マネーの追求
Ⅱ	・双方向コミュニケーション（人的コミュニケーション）を好む ・ブランドを好む傾向が強い	・人的プッシュ ・知名度拡大型プロモーション
Ⅲ	・限られた情報探索努力のみ ・決定ルールの中で、価格水準の役割が高い ・単純な特徴、カテゴリーに注目	・知名度拡大・イメージ訴求型プロモーション（電波媒体を用いた広告など） ・低価格対応 ・小売店頭スペースの確保
Ⅳ	・限られた努力の範囲内ではあるが、購買を意識して情報探索を行う ・選考順位に執着しない	・明確な特徴をつける ・小売店頭スペースの確保

ン・クエスチョンの答えにたどり着くだろう。

- 一般的な人にとって、コルセットを購入することは、類型Ⅱ（高関与度・低製品判断力）に属する
- （表8-3によれば）双方向コミュニケーションが好まれ、望ましい施策は人的プッシュだ
- 接骨院・整骨院で、先生から勧められるのは、まさに人的プッシュだ
- 一方、薬局では人的プッシュは望めない
- したがって、接骨院・整骨院ならうまくいく訳だ

消費者をエンドユーザーではなく、接骨院・整骨院の先生と捉えるとどうだろうか。先生にとって、コルセットを購入することは、類型Ⅰ（高関与度・高製品判断力）だから、製品間の差と価格差とを対応することができるため、バリュー・フォー・マネーに優れたダイヤ工業のコルセットが選ばれることになる。

消費者行動にもマッチしたチャネルを選択していたことが明らかになったところで、次のディスカッション・クエスチョンに移る。

| DQ6 | なぜダイヤ工業は、患者にも接骨院・整骨院の先生に喜ばれる製品を作ることができるのか？ |

これは「技術を磨いて顧客に喜んで頂けるものづくりをしよう」という中小製造業にとって最も興味のあることかもしれない。

ここでは、次に示す点が指摘される。

〈一般的な意見〉
- 接骨院・整骨院の先生という専門家と共同開発することによって良質な情報が直接得られるから
- CTIという「生の声」を聞く仕組みによって、多くの情報が得られるから
- ワンストップ・ショッピング・サービスによって、顧客との接点が増え、多くの情報が得られるから
- 商社機能も持つメーカーなので、得た情報をもれなく製品開発に活かすことができるから

これらは、事業コンセプトの変遷から導出された成功要因の仮説を支持する内容である。「技術を磨く」「ものづくり」といった内容で議論されるかと思いきや、この議論から導出されるのは一見、それらとは関係のない議論が多い。「技術を磨くには、急がば回れ。まず顧客との接点を多く持つことが大切なのか」と多くの受講者はうなることになる。

これまでの議論によって、限られた経営資源の中で内部的になんとかやりくりをしながら作り上げていった事業コンセプトは、結果として顧客のニーズや消費者行動にフィットし、好評価を得るに至ったことが明らかになった。また「顧客が喜ぶ」モノづくりの秘訣が明らかになった。

（3）競合はせめてこないのか？

さらに議論は続く。

好業績をあげるために忘れてはならない視点として、競合との関係がある。いくら顧客ニーズにうまく適合した事業コンセプトを作り上げることができても、競合と同じなら好業績をあげることは困難である。受講者には「競合は攻めてこないのか？」というディスカッション・クエスチョンが提供される。

DQ7	競合は攻めてこないのか？

いかがだろうか。もちろん競合が「多数いる」ことは、参加者全員が承知している訳だが、「多数いる」の内訳がうまく整理できないのではないだろうか。

ダイヤ工業は、商社とメーカーの2つの側面がある。そこでこの2つの側面から、ポジショニングを検討していくことにする。具体的には、どのような競争優位の状況になっているかを表すために平面上にセグメンテーションを示して、ダイヤ工業の位置を明らかにするよう講師は、議論をすすめていく。

はじめにメーカーとしてのポジショニングを検討してみよう。

最初に、セグメンテーションするための特徴ある2軸を次のように決定する。

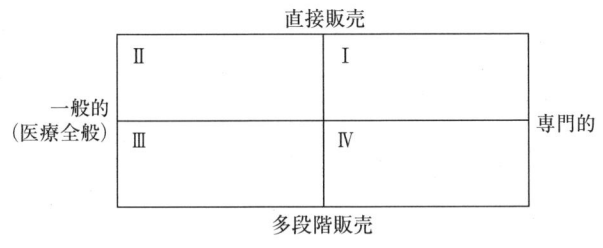

```
         直接販売
      ┌─────┬─────┐
      │  Ⅱ  │  Ⅰ  │
一般的 ├─────┼─────┤ 専門的
(医療全般)│  Ⅲ  │  Ⅳ  │
      └─────┴─────┘
         多段階販売
```

図9-4　治療材料メーカーの分類

①流通チャネル：卸を通さない直接販売か、卸を介する多段階販売か
②ターゲット　：接骨院・整骨院に特化しているか（専門的）、整形外科等を含む医療業界全体か（一般的）

　上記2軸によって、治療材料メーカーは、次の図9-4のように分類される。
　分類Ⅰのグループは、接骨院・整骨院に専門特化した製品を、直接販売によって、接骨院・整骨院に提供するグループである。このグループに属しているのは、零細規模のメーカーが多い。
　分類Ⅱのグループは、一般的な製品を製造し直接販売で提供するグループである。メーカーによる一部製品の直接販売という形で行われることもあるかもしれないが、その数は少なく、規模も小さい。
　分類Ⅲのグループは、一般的な製品を製造し、卸売業者が流通に多段階に介する経路で、顧客に製品を届けるグループである。大企業である治療剤メーカーは、このグループに含まれることが多い。
　分類Ⅳのグループは、専門的な製品を製造し、卸売業者が流通に多段階に介する経路で、顧客に製品を届けるグループである。このグループに属する企業は、大企業ではなく、零細な規模の企業が多い。
　ダイヤ工業はどのグループに属しているだろうか。もちろん、分類Ⅰのグループであることを参加者全員で確認する。

　次に、ダイヤ工業が属するグループⅠへの参入を制限する移動障壁を検討する。

| DQ7-1 | グループⅠへの移動障壁はどんなものがありますか？ |

移動障壁は概ね以下のようにまとめられる。
①グループⅡからグループⅠへの移動障壁

〈市場規模の制約〉
　専門的なポジション、ここでは接骨院・整骨院に専門特化する位置では、この位置の市場すべてを獲得しても約100億円程度である。したがって大企業が、この市場だけをターゲットとすることは、考えにくい。（図8-3　戦略グループB・Cから戦略グループAへ移動する場合）

〈専門知識・開発生産ノウハウ〉
　専門的なポジションには、小さい市場に特化した専門知識や開発ノウハウが蓄えられていると考えられる。この知識・ノウハウを得るという移動障壁がある。（図8-3　戦略グループB・Cから戦略グループAへ移動する場合）

②グループⅢからグループⅡへの移動障壁

〈営業ノウハウ〉
　直接販売のポジション、多段階のポジションそれぞれに、異なる営業ノウハウが存在する。したがってこの営業ノウハウを得るという移動障壁がある。（図8-3　戦略グループCから戦略グループBへ移動する場合）

〈CTI等の設備投資〉
　ノウハウの実現に際して、投資が必要な場合が想定されるため、新たな資金投資という移動障壁も考えられる。（図8-3　戦略グループCから戦略グループBへ移動する場合）

〈従来チャネルとの競合〉
　多段階のポジションの企業は、卸を通じてユーザーに商品を供給している。このポジションの企業が直接、ユーザーに販売しようとすると、従来取引関係にあった卸売り業者との関係悪化が想定される。この想定される状況は、直接販売ポジションへの移動障壁となる。（図8-3　戦略グループCから戦略グループBへ移動する場合）

③グループⅢからグループⅡへの移動障壁

> ①グループⅡからグループⅠへの移動障壁で明らかにした、市場規模の制約、専門知識・開発生産ノウハウが移動障壁である。

④グループⅣからグループⅠへの移動障壁

> ②グループⅢからグループⅡへの移動障壁で明らかにした、営業ノウハウ、設備投資、従来チャネルとの競合が移動障壁である。

　さらに直接販売・専門的なグループⅠにおいても、多数の零細メーカーとの関係において、ダイヤ工業は独自のポジションを築いている。そのポジションへの移動障壁は次の通りである。

> 〈商社の活動〉
> 　ダイヤ工業は、メーカーではあるが、商社の活動を行っている。これは多くの種類の製品を複数のメーカーから仕入れることによって品揃えをする活動である。この活動のおかげで、単一商品やそれに類似する商品を製造するメーカーと比較して、より多くの顧客と接点を持つことに成功している。したがって顧客情報が豊富にあることが強みとなっている。また、顧客との接点増加は、顧客のニーズ情報を収集する機会増加と密接に関係があるため、顧客ニーズ情報も豊富にある。この商社の活動の獲得が、移動障壁である。(図8-3　戦略グループA2から戦略グループA1へ移動する場合)

　これらの事柄をまとめて図示したものが図9-5である。

　以上から、ダイヤ工業をメーカーとして捉えた場合、移動障壁がうまく設けられていることが確認できた。

　次に商社としてのポジショニングを検討する。
　メーカーとして検討した際と同様に、まずセグメンテーションのための軸を次の2軸に決定する。

　①販売方法　：通信販売か、人的販売か

144

```
                        ┌─────────────────┐
                        │ B・C→A移動障壁    │
                        │・市場規模の制約   │
                        │ （規模が小さい） │
                        │・独自能力         │
                        └─────────────────┘
                    直接販売
                      │
     戦略グループB    │  戦略グループA2   戦略グループA1
                      │    ┌───┐          ┌───┐
                      │    │零細│          │ダイヤ│
                      │    │製造│          │工業 │
                      │    │メーカー│      └───┘
                      │    └───┘
   一般的  ────────────┼──────────────→ 専門的
  （医療全般）         │
                      │    ┌─────────┐
                      │    │大手治療材料メーカー│
   ┌──────────┐      │    └─────────┘
   │C→B移動障壁 │      │       戦略グループC
   │営業のノウハウ従│   │
   │来チャネルとの競合│ │              ┌─────────────┐
   └──────────┘      │              │A2→A1移動障壁  │
                      │              │・多数の顧客からの│
                      │              │ 注文情報の蓄積  │
                      │              │・ワンストップショッ│
                      │              │ ピングサービスの提供│
                      │              │ （仕入先の開拓）   │
                      │              └─────────────┘
                    多段階販売
```

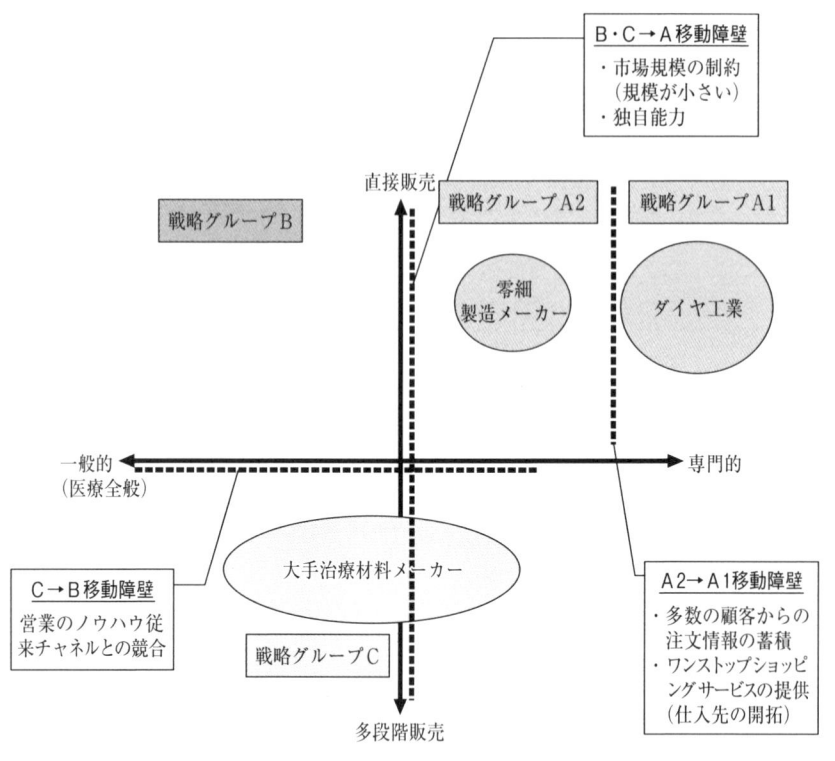

図9-5　メーカーとしてのポジショニング

②ターゲット：接骨院・整骨院に特化しているか（専門的）、整形外科等を含む医療業界全体（一般的）

上記2軸によって、医療商社は、次の図9-6のように分類される。

分類Ⅰのグループは、接骨院・整骨院に専門特化した製品を、通信販売によって、接骨院・整骨院に提供するグループである。ダイヤ工業はこのグループに属している。ダイヤ工業以外にこのグループに属しているのは、からだはうす[4]のような中小規模の通信販売業者である。

分類Ⅱのグループは、一般的な製品を取りそろえ、通信販売で提供するグループである。かつてこのグループに属する企業は無かったが、近年、他分野

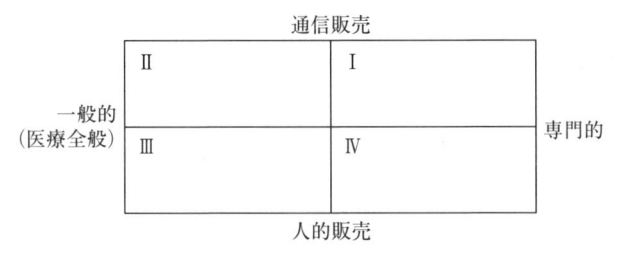

```
              通信販売
         ┌─────┬─────┐
         │  Ⅱ  │  Ⅰ  │
   一般的  ├─────┼─────┤ 専門的
 (医療全般) │  Ⅲ  │  Ⅳ  │
         └─────┴─────┘
              人的販売
```

図9-6 医療商社の分類

において、通信販売で業績を伸ばしているアスクル[5]やミスミ[6]が進出している。

分類Ⅲのグループは、一般的な製品を取りそろえ、人的販売によって、顧客に製品を届けるグループである。多くの医療商社はこのグループに属する。

分類Ⅳのグループは、専門的な製品を取りそろえ、人的販売で、顧客に製品を届けるグループである。このグループに属する企業は、確認されていないが、零細な規模の企業が多いと推測される。

次に、ダイヤ工業が属するグループⅠへの参入を制限する移動障壁を検討する。

| DQ7-2 | グループⅠへの移動障壁はどんなものがありますか？ |

移動障壁は概ね以下のようにまとめられる。
①グループⅡからグループⅠへの移動障壁

〈市場規模の制約〉
　メーカーとして捉えた場合と同様、大企業が比較的小規模の市場だけをターゲットすることは考えにくい。(図8-5　戦略グループBから戦略グループAへ移動する場合)
〈専門知識〉
　専門的なポジションには、小さい市場に特化した専門知識が蓄えられていると考えられる。この知識・ノウハウを得るという移動障壁がある。(図8-5　戦略グループBから戦略グループAへ移動する場合)

②グループⅢからグループⅡへの移動障壁

〈営業ノウハウ〉
　通信販売のポジション、人的販売のポジションそれぞれに、異なる営業ノウハウが存在する。人的販売ポジションから通信販売ポジションへの移動を検討する場合、この営業ノウハウを得るという移動障壁がある。またノウハウの実現に際して、投資が必要な場合が想定されるため、新たな資金投資という移動障壁も考えられる。(図8-5　戦略グループCから戦略グループBへ移動する場合)
　一方、通信販売ポジションから人的販売ポジションへの移動を検討すると、「出入り業者」が行う医療業界特有の商慣行などもみられ、これらの営業ノウハウが移動障壁と考えられる。(図8-5　戦略グループBから戦略グループCへ移動する場合)
〈CTI等の設備投資〉
　ノウハウの実現に際して、投資が必要な場合が想定されるため、新たな資金投資という移動障壁も考えられる。(図8-5　戦略グループCから戦略グループBへ移動する場合)

③グループⅢからグループⅡへの移動障壁

　①グループⅡからグループⅠへの移動障壁で明らかにした、市場規模の制約、専門知識が移動障壁である。

④グループⅣからグループⅠへの移動障壁

　②グループⅢからグループⅡへの移動障壁で明らかにした、営業ノウハウ、設備投資が移動障壁である。

　さらに、通信販売・専門的なグループⅠ内でも、他の接骨院・整骨院に特化した専門商社との関係において、ダイヤ工業は独自のポジションを築いている。そのポジションへの参入障壁は次の通りである。

〈生産機能〉
　ダイヤ工業は、一部商品について開発・生産を自社内で行っている。この開発・生産の過程で得られる商品に関する知識は、その他の専門商社に対して強みとなっている。また開発・生産の過程で、「商品の販売」以外で顧客との接点が増えており、「販売だけの関係」に比較して強い信頼関係を得られている。この顧客との強い関係が、その他の専門商社に対して強みとなっている。(図8-5　戦略グループA2から戦略グループA1へ移動する場合)

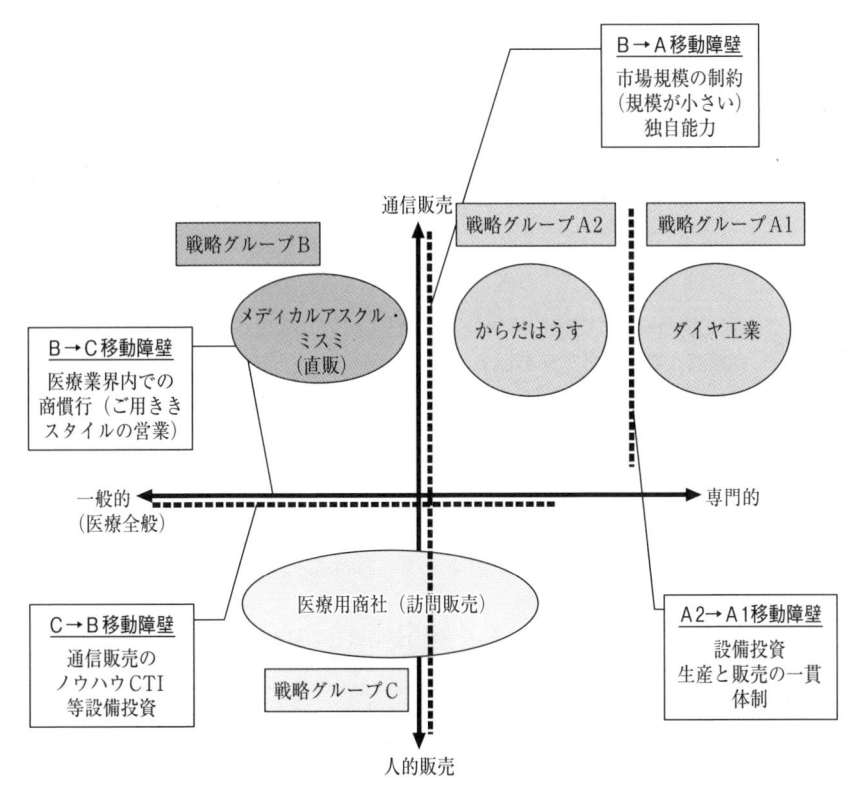

第9章　ケース・メソッドによるセミナー　147

図9-7　商社としてのポジショニング

以上の事柄をまとめて図示したものが図9-7である。

以上から、ダイヤ工業を商社として捉えた場合、移動障壁がうまく設けられていることがわかった。

ダイヤ工業をメーカーおよび商社の両面から捉えても、うまく参入障壁が築かれており、独自ポジションを確保している状況が明らかになった。

第3節　どのようにして持続的競争優位を確立するか

最後に、対顧客、対競合、対内部の適合の3つの状況を議論し整理したことを振り返って、「ものづくり」に専心している中小製造業が、どのようにして持続的競争優位を確立するかを導出する。

> **DQ8**　どのようにして持続的競争優位を確立してきたのでしょうか？
> （振返ってまとめてみましょう）

講師は方法および具体策、その狙い、効果という表を提供すると、あとは受講者の議論によって表9-4が完成する。

方法の第1として、まずニッチ市場をターゲットとする。これは大企業が参入できない小さい市場をターゲットとすることで、大企業との競争を避ける

表9-4　持続的競争優位確立の過程

方　法	具体策（例）	狙　い	効　果
ニッチ市場をターゲットにする		・大企業との競争を避ける。	・限られた経営資源でも対応できる ・市場と密接な関係を構築できる
顧客との関係を良好なものにする工夫をする	・直接販売の体制構築 ・共同開発 ・品揃えを拡充し（本業以外でも）ニッチ市場のご用聞きになる	・顧客との接点増加 ・関係の構築と維持（ビジネスパートナーとなる） ・市場での認知度を高める	・顧客からニーズ情報獲得 ・良質のニーズ情報獲得 ・顧客数の増加
ターゲットから収集した情報から学習して活用する	・開発・生産部門に注力（情報を活用する力アップ） ・人材採用・育成 ・情報をとりやすくする仕組み（CTI等）の整備（情報収集力アップ）	・製品改良 ・ニーズに適応した品揃え	・開発・生産部門に独自ノウハウが蓄積される。 ・顧客からの情報を水平展開することで、顧客へ情報提供できる。 ・顧客との関係が向上

狙いがある。ニッチ市場をターゲットとすれば、限られた経営資源でも対応できる。またそもそも小さい市場なので市場のことを学習することも比較的容易で、ターゲットの顧客との密接な関係を構築しやすいと考えられる。

　次に顧客との関係を良好なものにする工夫をする。ケース中にあったような①直接販売を行う、②共同開発を行う、③品揃えを拡充してニッチ市場すべてのニーズに応えるような「ご用聞き」となる、のような活動が考えられる。①は顧客のニーズ情報が素早く正確に収集できる効果が期待できる。②は、売買という取引だけの関係だけでなくビジネスパートナーとの関係になることを意味し、顧客のニーズ情報の質が良質なものになる効果が期待できる。③は、顧客との接点が増え、認知度が高まる効果が期待できる。つまり顧客のニーズ情報の量が増える効果が期待できる。ダイヤ工業はこれらの活動をすべて行っており、沢山の量の良質な情報を、正確に素早く収集できる活動を行っていると言い換えることができる。

　最後に、収集した情報から学習して活用する。例えば、開発・生産部門の教育を行い、情報を活用する力を向上させる。また情報収集そのものをしやすくする仕組みを導入する。これらの活動によって、開発・生産部門に独自ノウハウが蓄積されることが期待できる。また顧客から収集した情報を、水平展開し他の顧客へ提供することで、顧客との関係が良好なものになるという効果も期待できる。

　この事例は、開発技術・生産技術によって生み出される製品が、直接的には差別化の要因であり、導出される戦略は、基本的には「開発技術・生産技術」を磨いて、競争優位を確立しようというものである。この戦略は、これらの技術を積極的に磨く仕組みを含んでいるため、事業の仕組みを通じて差別化を図っていると言える。
　これらの技術を積極的に磨く活動は、一見、技術を磨くこととは無関係に見える「顧客との関係を良好なものにする工夫をする」活動である。顧客との良

好な関係を築くことで、ニーズ情報を収集し、それに応える過程で顧客ニーズにフィットした技術が磨かれるというのである。これは、技術を磨くことに執着する企業にとって、有意義な視点である。なぜなら、顧客のニーズにフィットした技術が磨かれることは、技術シーズ偏重となって、売るべき市場を持たないという状況を回避できるからである。このことは、顧客のニーズにあった技術だけが磨かれ、余計な所は磨かれないという意味で、「効率的」に、技術が磨かれるとも言える。

以上から、中小製造業が持続的競争優位を確立するためには、人間への依存度が高い技術を磨くことが重要であるが、技術だけに向き合うのではなく、顧客との関係を重視することも重要であることが導出された。この関係を重視する活動は、「もの造り」や「技術」とは無関係なように見えるものも少なくない。しかしこの活動を追加することで、「効率的」に技術が磨かれるのである。「急がば回れ」が、当てはまるのである。

第4節　自社への展開

最初に述べたように本章で取り上げる「ケース・メソッドを活用したセミナー」の受講者は、学生ではなく中小製造業者の方たちである。したがってここで得られた知見を即、自社にあてはめてみようと考える。その場合も考えるステップは、以下に示すように、今までの議論と同様である。

① 事業コンセプトの確認
　表9-1のように「何を」「誰に」「いかに」を明らかにしていく。「何を」の部分には要注意だ。セオドア・レビットのいうマーケティング近視眼になっていないかどうかのチェックが必要だろう。

② 対顧客への適合の様子
　顧客の立場にたった考え、生の声がヒントになる。

③ 対競合への適合の様子
　分類するための軸を決定し、ポジショニングを検討する。これは大変難

しい。もちろん、唯一絶対の正解というものはない。

受講者（社）の時間があれば、この段階までセミナーとして予め企画に組み込む場合もある。このようにして「事実」が記述されただけのケースから多くの知見を導出し、自社の分析、意思決定に役立てていくことになるのである。
本章で取り上げたケース・メソッドによるセミナーの流れは、一例である。必ずこの流れで進行すべきである、という性質のものではない。開催者の意図によって訓練したい部分を強調し、また不要な部分は削除しながら進めていけば良い。またまったく別の角度からケースを捉えて、議論することも構わない。本章が、ケース・メソッドを活用したセミナーに取り組む際の参考になれば幸いである。

注
1) 加護野忠男『〈競争優位〉のシステム』PHP研究所、1999年
2) エーベル、石井淳蔵訳『事業の定義』千倉書房、1984年
3) 嶋口充輝他、慶應義塾大学ビジネス・スクール編『マーケティング戦略』有斐閣、2004年
4) からだはうす株式会社　東京都新宿区西早稲田2-18-18堀記念ビル。売上高推定2,000百万円。
5) アスクル株式会社　東京都江東区辰巳3-10-1。売上高617億円（2006年5月期、連結）
6) 株式会社ミスミグループ本社　東京都江東区東陽二丁目4番43号。1,054億円（2005年度、連結）。

参考文献
・エーベル、石井淳蔵訳『事業の定義』千倉書房、1984年
・加護野忠男『〈競争優位〉のシステム』PHP研究所、1999年
・加護野忠男・井上達彦『事業システム戦略』有斐閣アルマ、2004年
・嶋口充輝他、慶應義塾大学ビジネス・スクール編『マーケティング戦略』有斐閣、2004年
・「ケースメソッドを活用したセミナー」ホームページ（http://trf-arma.com）

あ と が き

　本書『ケースブック　地域企業の経営戦略』は編者がこれまで勤務した大学で、研究をともにした人たちの参加・執筆により出来上がったものである。

　いつの頃からか、参加者の間で各参加者の勤務あるいは居住する地域の興味深い企業事例、あるいはまた参加者の研究分野に関連する企業事例をまとめることができないかという気持ちが湧き上がり、これまで細々と行ってきた企業の事例を1冊の本としてまとめようということになった。

　しかしながら、参加者の仕事上の忙しさの故に、企業事例の集積は思うほど進まず、また収集したものを出版にこぎ着けるという交渉も思うに任せずおよそ2年近くが経過した。

　そんな中、株式会社大学教育出版の代表取締役社長の佐藤守氏はわれわれの企画を真摯にくみ取っていただき、快く出版を引き受けていただいた。多少大げさな言い方をすることが許されるとすれば、地獄で仏とはこのようなことをいうのであろうか。ここにあらためて御礼を申し上げる次第である。

　本書は、先にも述べたように、それぞれの地域で日々活動している中堅・中小企業の経営事例を集めたものである。こうした企業はそれぞれの地域で重要な役割を果たしているにもかかわらず、あまり注目されることはない。本書が、そうした間隙を少しでも埋めることができ、それぞれの地域におけるこうした企業の存在が地域の人たちに正しく理解されることを祈りながらあとがきに代えたい。

　最後になったが、同じく大学教育出版の安田愛氏には、執筆者の原稿をくまなく読んでいただき、適切なご指摘をいただいた。あらためて感謝する次第である。

　平成22年5月吉日

執筆者を代表して　榎本　悟

■著者紹介

榎本　悟　（えのもと　さとる）〈編者〉
　　1949 年生まれ
　　関西学院大学国際学部教授
　　博士（経営学）
　　担当章：第 1 章

山本　公平　（やまもと　こうへい）
　　1964 年生まれ
　　広島経済大学経済学部准教授
　　修士（経済学）、中小企業診断士
　　担当章：第 2 章・第 3 章

長積　仁　（ながづみ　じん）
　　1966 年生まれ
　　立命館大学スポーツ健康科学部教授
　　博士（学術）
　　担当章：第 4 章・第 5 章

須増　哲也　（すます　てつや）
　　1967 年生まれ
　　コアテック株式会社勤務
　　MBA
　　担当章：第 6 章

三宅　孝治　（みやけ　こうじ）
　　1957 年生まれ
　　税理士、税務コンサルタント
　　MBA、税理士、行政書士
　　担当章：第 7 章

松田　周司　（まつだ　しゅうじ）
　　1968 年生まれ
　　経営コンサルタント
　　MBA、中小企業診断士
　　担当章：第 6 章・第 7 章・第 8 章・第 9 章

■ 編著者紹介

榎本　悟　（えのもと　さとる）

関西学院大学国際学部教授
神戸大学大学院経営学研究科博士課程単位取得退学
博士（経営学）
主著：『アメリカ経営史学の研究』（単著）同文館、1990
　　　『海外子会社研究序説』（単著）御茶の水書房、2004
　　　『地域間の統合・競争・協力』（共編）大学教育出版、2010　他多数

ケースブック
地域企業の経営戦略

2010年7月10日　初版第1刷発行

■ 編 著 者 ──── 榎本　悟
■ 発 行 者 ──── 佐藤　守
■ 発 行 所 ──── 株式会社 大学教育出版
　　　　　　　　〒700-0953　岡山市南区西市 855-4
　　　　　　　　電話（086）244-1268　FAX（086）246-0294
■ 印刷製本 ──── サンコー印刷㈱

© Satoru Enomoto 2010, Printed in Japan
検印省略　　落丁・乱丁本はお取り替えいたします。
無断で本書の一部または全部を複写・複製することは禁じられています。
ISBN978-4-86429-002-9